Besuchen Sie uns im Internet:

www.steinkopf-verlag.de

Frank Maibaum, Jg. 1949, ist Diplom-Pädagoge und Pfarrer im Kirchenkreis Recklinghausen. Er war lange Mitglied der Deutschen Gesellschaft für Verhaltenstherapie, Hochschullehrbeauftragter für die Gebiete Verhaltensbeobachtung und Gesprächsführung sowie Vorstandsmitglied des Westfälischen Verbandes für Kindergottesdienst. Er ist in verschiedenen Arbeitskreisen und Gremien für Gottesdienstgestaltung aktiv.

Im J. F. Steinkopf Verlag sind folgende Titel von ihm lieferbar
(vgl. letzte Seite):

GESTRESSTE ELTERN – STARKE KINDER
Wie gute Erziehung trotz Krisen und Überlastung gelingt (2004)

„KLEINER SCHATZ, ICH SAG DIR WAS"
Der Elternratgeber mit Profitipps und guten Worten für Ihr Kind (2003)

RATELEXIKON RELIGION
Alles, was ein Christ wissen muss (2007)

DAS TRAUBUCH
Der praktische Ratgeber für die kirchliche Hochzeit. (4. Auflage 2007)

DAS GOTTESDIENSTBUCH
Der Leitfaden zur gemeinsamen Gottesdienstgestaltung (2. Auflage 1999)

Das Taufbuch

von Frank Maibaum

Die christliche Taufe verstehen
und kreativ mitgestalten

J. F. Steinkopf Verlag

2. Auflage 2008

ISBN 978-3-7984-0780-0

Cover: Florian Huber, Thalhausen
Coverfoto/Kirche: Daniela Mibus, Hannover
© J. F. Steinkopf Verlag, Kiel 2006
Alle Rechte vorbehalten
Printed in Germany

INHALT

Einleitung 7

Zur Bedeutung der Taufe 9

Vorüberlegungen und langfristige Vorbereitungen 11
Taufe – wann und wo? 11
Auswahl der Paten 12
Machen Sie sich den Kirchsaal vertraut 16
Erste Ideen und Briefe an die Gäste 17
Die Auswahl des Taufspruches 20
Auswahl eines Symbols 22
Lieder im Gottesdienst 28
Kinder im Gottesdienst 30
Das Taufgespräch 31

Eröffnung und Anrufung (1. Hauptteil) 33
Glockengeläut 33
Die Begrüßung an der Kirchentür 34
„Gespräch" mit Eltern und Paten 35
Einzug 37
Orgelvorspiel 38
Das stille Eingangsgebet 39
Freier Gruß und liturgische Grußformel 39
Gebet 41
Lied (erstes Lied) 44

Verkündigung/Wortgottesdienst (2. Hauptteil) 46
Außerbiblische Lesung 46
Biblische Lesung 53
Predigt 56
Fürbitten 57
Glaubensbekenntnis 60
Lied (Glaubenslied oder Tauflied) 64

Die eigentliche Taufhandlung (3. Hauptteil) 65
Der biblische Taufbefehl 65
Verpflichtung der Eltern und Paten 66
Betrachtung des Wassers/Taufwasserweihe 68
Taufhandlung 74
Erklärende Riten 75
   Salbung mit Chrisam/Handauflegung 75
   Bezeichnung mit dem Kreuz 78
   Anziehen des weißen Taufgewands 79
   Entzünden der Taufkerze 80
   Effata-Ritus 82
Segensverse und gute Wünsche 84
Segnung der Eltern 86
Lied (Danklied/Segenslied) 87

Sendung und Segen (4. Hauptteil) 88
Dank- und Fürbittengebet/Vaterunser 88
Lied (Schlusslied) 89
Segen 89
Musikalisches Nachspiel 90
Kollekte/Dankopfer 91

ANHANG 92
Taufsprüche 92
Wünsche, Versprechen, Hoffnungstexte 96
Liebes Patenkind (Brief einer Patin/eines Paten) 106
Biblische Erzählungen 107
Geschichten 109

Einleitung

Dies ist ein Buch für Menschen, die sich in besonderer Weise für das Taufgeschehen interessieren. In seinen Formulierungen wendet es sich direkt an Eltern. Es ist aber ebenso für Paten und andere Mitglieder einer Taufgesellschaft geschrieben. Wer eine Taufe bewusst mitfeiern und vielleicht auch mitgestalten möchte, findet hier ausführliche Informationen sowie zahlreiche Lesetexte und Gestaltungsideen.

Die Textvorlagen sind als Anregung zu verstehen. Als Autor möchte ich damit Ihre Fantasie beflügeln. Es sind Beispiele dafür, wie Sie Ihre eigenen Gefühlen in Worte kleiden können. Gern dürfen Sie Texte unverändert übernehmen; doch oftmals bietet es sich an, sie zu kürzen oder zu ergänzen. Alle Texte können auch an einer anderen Stelle als der vorgeschlagenen gelesen werden. Aus den Wünschen für das Kind lassen sich schnell Zusagen oder Segenstexte formulieren und umgekehrt. Es ist wichtig, dass Sie (Eltern, Paten, Geschwister, Freunde) sich individuell einbringen; doch die Möglichkeiten dazu sind natürlich begrenzt. Nur ein kleiner Teil der zahlreichen Ideen dieses Buches kann im Gottesdienst verwirklicht werden. Wählen Sie aus. Klären Sie beim Taufgespräch den Einsatz von Texten und Gestaltungselementen. Vorlagen, die keinen Platz in der kirchlichen Feier finden, können Sie vielleicht bei der anschließenden häuslichen Feier verwenden.

Die Kapitel dieses Buches orientieren sich am Ablauf christlicher Taufgottesdienste. Die evangelische und katholische Praxis hat sich in den zurückliegenden Jahren so sehr angenähert, dass es sich anbietet, die Taufe beider Konfessionen in einem Buch gemeinsam zu behandeln. Es gibt keinen Unterschied in der Bedeutung dieses Sakraments. Die Taufe ist grundsätzlich christlich; sie ist nicht entweder katholisch oder evangelisch. Zwar wird sie in der evangelischen oder katholischen Kirche vollzogen; wechselt ein getaufter Christ aber die Konfession, so wird er nicht „umgetauft". Die Taufe ist das Sakrament der christlichen Einheit.

Wir möchten Ihnen Mut machen, beim christlichen Partner symbolische Handlungen und Bräuche abzuschauen, die in der eigenen Gemeinde vor Ort vielleicht nicht üblich sind. Das bereichert das Taufgeschehen und bricht überflüssige Grenzen zwischen den Kirchen auf. Es gibt, unabhängig von der jeweiligen Konfession, regionale Unterscheide und auch einzelne Geistliche setzten verschiedene Schwerpunkte. Zudem macht es für den Ablauf einen Unterschied, ob die Taufe in einem speziellen Taufgottesdienst geschieht oder in die Sonntagsmesse eingebunden ist. Der in diesem Buch zugrunde liegende Ablauf eines Taufgottesdienstes bildet also nur eine „Hilfslinie", mittels derer Sie Ihre Tauffeier mit Ihren Geistlichen planen können.

Die Zelebranten der Taufe – seien es Priester, Pastoren, Pastorinnen, Pfarrer, Pfarrerinnen – werden in diesem Buch stets mit dem Sammelbegriff „Geistliche" bezeichnet. Der zumeist verwendete Plural „die Geistlichen" bezieht die Pfarrerinnen und Pastorinnen der evangelischen Kirche ein.

Zur Bedeutung der Taufe

Mit der Taufe erbitten Sie Gottes Segen für Ihr Kind; doch die Taufe ist noch weit mehr. Sie legen Ihr Kind Gott so sehr ans Herz, dass eine unzerbrechliche, unwiderrufliche Verbindung zwischen Ihrem Kind und Gott entsteht. Das Leben des Kindes wird nie gottlos sein. Diese Einheit „Gott und einzelner Mensch" kann nicht stärker besiegelt werden als durch die Taufe. Man kann daher verstehen, dass manche „großen" Menschen der Weltgeschichte in tiefer Bedrängnis Kraft schöpften, indem sie sich ihre Taufe vergegenwärtigten. Martin Luther z.b. schob in Situationen der Enttäuschung seine Bücher beiseite. Darunter stand in großen Buchstaben auf dem Schreibtisch: „Ich bin getauft." Unsagbaren Mut, Kreativität und Kraft verlieh ihm diese Gewissheit.

Mit der Taufe dürfen Sie sicher sein: Gott wird Ihr Kind nie verlassen. Er wird es zwar nicht an „dunklen" Lebenssituationen vorbei führen, aber es durch Höhen und Tiefen begleiten. Am Beispiel dieser „göttlichen Liebe" lernen Sie, dass es auch für Sie nicht darum gehen kann, Ihren kleinen Liebling an allen Gefahren und Anfechtungen des Lebens vorbei zu führen. Wichtig ist, dass Sie in entscheidenden Momenten da sind, ihm ganz nah sind. Wenn Ihr Kind Enttäuschung erlebt, wenn es versagt, wenn es Verlust empfindet, wenn es Trauer und tiefe Traurigkeit bestehen muss, dann darf es nicht allein sein. Ebenso nicht, wenn es Höhepunkte erfährt, wenn es Siege erlebt und von Erfolgen berichten möchte. Einem Menschen in ergreifenden Momenten nahe zu sein ist die größte Leistung, die Liebende erbringen können. Es ist gleichsam der wichtigste Anteil, den Sie in Ihrer Erziehung leisten können.

Gleichzeitig schafft der Taufakt eine Verbindung mit allen anderen Getauften. Der Täufling wird aufgenommen in die Gemeinschaft der Getauften, in die „Gemeinschaft der Heiligen", wie es das alte apostolische Glaubensbekenntnis ausdrückt. Das getaufte Kind ist diesen Menschen aller Zeiten und aller Länder Schwester bzw. Bruder. Das ist nicht nur ein Privileg, das ist auch eine Verpflichtung.

Die Gemeinschaft der Getauften ist als Kirche organisiert. Also bewirkt die Taufe Kirchenmitgliedschaft. Sie ist ein amtlicher Akt und man erhält eine Urkunde darüber.

Ein Kind taufen zu lassen ist eine bedeutsame Entscheidung, denn die Taufe ist einmalig. Einmalig ist sie nicht nur, weil sie ein schönes, ergreifendes Ereignis ist, sondern weil sie nicht wiederholbar oder rückgängig zu machen ist. Sicherlich können Sie Ihr Kind wieder aus der Kirche abmelden und das Kind kann später die Kommunion oder Firmung oder Konfirmation verweigern – doch getauft bleibt es ein Leben lang. Gott kündigt seinen Bund nicht auf.

Vorüberlegungen und langfristige Vorbereitungen

Taufe – wann und wo?

In den zurückliegenden Jahrhunderten wurden Kinder immer früher zur Taufe gebracht, schließlich schon am Tag nach der Geburt. Hinter dieser Eile stand einerseits die Angst, das Kind könne vor der Taufe sterben und stände dann als Heide vor Gott; andererseits glaubte man, der Teufel wolle ganz schnell seine Krallen nach dem Baby ausstrecken; dem wollte man zuvorkommen. So eng und ängstlich ist christlicher Glaube nicht mehr. Man kann den Worten im 1. Johannesbrief glauben: „Furcht ist nicht in der Liebe!" Heutzutage liegt der Tauftermin üblicherweise einige Wochen oder gar Monate nach der Geburt.

Ihr Terminkalender sowie die Termine der Pfarrgemeinde werden den Ausschlag für den Tauftermin geben. Freuen Sie sich auf das Tauffest und nehmen Sie sich auch für die inhaltliche Vorbereitung Zeit.

Wenn Sie sich für die Taufe Ihres Kindes entschieden haben, so sollte diese aber während des ersten Lebensjahres stattfinden. Ein Kind im zweiten und besonders im dritten Lebensjahr nimmt sehr aufmerksam wahr, was mit ihm geschieht. Es möchte nicht etwas über sich ergehen lassen, dessen Sinn es nicht versteht. Vielleicht wird es sogar trotzig und wehrt sich gegen die Taufzeremonie. Sollte Ihr Kind dieses Alter schon erreicht haben, so warten Sie doch noch länger, bis Sie mit ihm selbst über die Taufe sprechen können und es diese freiwillig und gern mitfeiert. Diese Achtung sollten Sie Ihrem kleinen Liebling entgegenbringen.

Falls Sie sich nicht für die sogenannte „Säuglingstaufe" entscheiden, sondern warten möchten (oder aus verschiedenen Gründen eine Taufe noch nicht möglich ist), so bieten die christlichen Kirchen zunächst eine „Kindersegnung" an. Die Taufe folgt zu einem späteren Zeitpunkt. Viele katholische Bistümer haben Informationsmaterial dazu erarbeitet; und in einigen evangelischen Landeskirchen ist diese besondere Form der Segnung (auch „Darbringung" genannt) fest in der Kirchenordnung verankert.

Es ist gut, wenn Sie Wünsche für den Zeitpunkt, den Ort und Rahmen des Taufgottesdienstes haben. Diese müssen Sie mit den Geistlichen der Gemeinde besprechen. Melden Sie sich dazu einige Wochen vor dem angepeilten Termin im Büro Ihrer Gemeinde oder direkt bei den Geistlichen.

Ausgefallene Anliegen wie der Wunsch nach einer Taufe im Freiluftballon, auf dem Berggipfel, auf den Zinnen eines edlen Schlosses, im Schnellboot oder auf dem Sportplatz des Lieblingsvereins finden bei den Geistlichen verständlicherweise kaum Gehör. Die Taufe bedeutet Aufnahme in die allgemeine christliche Gemeinschaft und in die konkrete Gemeinde. Sie gehört daher in den Gottesdienst der Pfarrkirche vor Ort. Ausnahmen bezüglich dieses Taufortes bedürfen einer guten Begründung, werden mit den Geistlichen der Heimatgemeinde besprochen und dürfen von diesen nur in seelsorglich begründeten Ausnahmefällen befürwortet werden.

Es gibt in jeder Gemeinde zahlreiche Möglichkeiten, der Taufe einen besonderen Rahmen zu geben. Fragen Sie z.b. nach der Möglichkeit einer Taufe in der Osternacht, im Familiengottesdienst, in einem Kindergartengottesdienst oder während des Gemeindefestes. Manche Gemeinden veranstalten regelmäßig Tauffeste oder verlegen zu bestimmten Anlässen Taufen an den nächstliegenden Bach, zu dem dann die Gemeinde zieht. Gehören die Eltern oder große Teile der Taufgesellschaft unterschiedlichen Konfession an, so erwägen Sie doch auch, die Taufe in einem ökumenischen Gottesdienst zu feiern. Vielleicht finden Sie einen Termin, der in besonderer Weise musikalisch gestaltet wird, an dem z.B. der Kirchenchor, der Gospelchor oder Kinderchor singt. Erkundigen Sie sich vor Ort.

Auswahl der Paten

Die Paten begleiten als wichtige Bezugspersonen die Entwicklung des Kindes. Sie setzen sich für Rechte und Anliegen des Patenkindes ein. Im Vergleich zu den Eltern haben sie eine größere Distanz zu den Problemen, die im Erziehungsprozess auftreten; somit können sie bei Konflikten zwischen Eltern und Kind vermitteln. Sollten Eltern aus irgendwelchen Gründen ihrer Sorgfaltspflicht dem Kind gegenüber mal nicht nachkommen können, so stehen die Paten an der Seite des Kindes. Sie sorgen dafür, dass es mit seinen Erwartungen, Sorgen und Nöten nicht alleingelassen wird. Für diese anspruchsvolle Aufgabe benötigen die Paten das Vertrauen des Kindes und der Eltern gleichermaßen. Ohne eine gute Beziehung zur Familie und ein liebevolles Verhältnis zum Kind kann Patenschaft nicht gelingen.

Klären Sie in Ihrer Familie, welche Erwartungen an die Paten bestehen. Formulieren Sie mit den zukünftigen Paten gemeinsam eine Liste von „Verpflichtungen". Passen Sie das folgende Beispiel Ihren Vorstellungen an; ändern, kürzen, ergänzen Sie es im Gespräch mit den Paten. In einer schönen Form niedergeschrieben, gehören diese Versprechen dann ins Erinnerungsalbum:

Ich werde den Geburtstag bzw. den Namenstag meines Patenkindes nicht vergessen;
ich werde zu diesen Anlässen zu Besuch kommen oder mich zumindest melden und mit einem kleinen Geschenk ausdrücken, dass ich mein Patenkind gern habe.
Ich werde auch den Tauftag nicht vergessen;
ich werde mein Patenkind daran erinnern, dass es getauft ist.
Ich werde ihm verdeutlichen, dass Gott durch die Taufe einen engen Bund mit ihm geschlossen hat.
Ich werde für mein Patenkind beten.
Ich werde die religiöse Erziehung unterstützen.
Ich werde den Kontakt zu Eltern und Patenkind aktiv aufrechterhalten;
ich werde also regelmäßig anrufen, schreiben und möglichst selbst häufig vorbeischauen.
Wenn mein Patenkind mich braucht, werde ich mir Zeit nehmen.
Ich werde ein geduldiger Zuhörer sein, wenn es von seinen Freuden und Erfolgen oder auch Enttäuschungen und Sorgen berichtet.
Geheimnisse, die mir mein Patenkind mitteilt, werde ich vertraulich behandeln.
Bei Konflikten zwischen Eltern und Kind werde ich vermitteln.
Ich werde die Bedürfnisse meines Patenkindes stets engagiert vertreten.
Wann immer nötig, werde ich Anwalt seiner Interessen sein.

Sollten die Eltern mal nicht in der Lage sein, sich um ihr Kind zu kümmern, oder sollte ihnen mal etwas zustoßen, so werde ich dafür sorgen, dass es sich sicher und geborgen fühlen kann.
Mein Patenkind wird in mir stets einen guten Freund und verlässlichen Partner finden.

Patenschaft gelingt nur, wenn die Eltern bereit sind, die Paten bei ihren Aufgaben zu unterstützen. Daher sollten auch Paten Erwartungen äußern. Nach dieser Vorlage können Eltern ihre Versprechen schriftlich festhalten:

Wir verstehen die Paten als Partner der Familie;
uns Eltern sind sie Beistand in allen Fragen der Erziehung;
unserem Kind sind sie Beistand bei allen Problemen.
Wir werden die Paten in ihrer Aufgabe unterstützen.
Wir werden regelmäßig über Fortschritte und Hemmnisse in der Entwicklung unseres Kindes berichten.
Wir informieren die Paten offen über Freuden und Schwierigkeiten, die im Erziehungsprozess auftreten.
Wir werden Konflikte, die wir mit unserem Kind haben, den Paten nicht verheimlichen.
Konflikte, die wir in der Ehe oder Partnerschaft haben, belasten zugleich unser Kind;
daher werden wir auch darüber offen mit den Paten sprechen.
Wir sind bereit, von den Paten Anregungen und Kritik anzunehmen.
Wir sind dankbar, wenn sie uns auf Schwächen unserer Erziehungstätigkeit aufmerksam machen.
Sollten wir aus irgendwelchen Gründen unsere Aufgaben als Eltern nicht voll erfüllen können, wenden wir uns vertrauensvoll an die Paten.

Regen Sie die Paten an, sich über die Bedeutung des Patenamtes Gedanken zu machen. Dies erreichen Sie z.B. mit einer Diskussion über die soeben formulierten Verpflichtungen oder indem Sie die Paten bitten, ein Versprechen bei der Tauffeier vorzulesen. Vorlagen und Anregungen finden Sie in den verschiedenen Abschnitten dieses Buches. Paten, die einen Text aussuchen oder formulieren und dann selbst vortragen, denken in besonderer Weise über die Verantwortung nach, die sie mit diesem Amt übernehmen.

Ob die ausgesuchten Paten Ihre Erwartungen erfüllen und insofern gute Paten für das Kind sind, kann die Kirchengemeinde nicht prüfen, das tun Sie gewissenhaft. Doch auch die Kirche hat Anforderungen und umgekehrt dürfen die Paten Erwartungen an die Kirchengemeinde haben. Denn beide Seiten gewährleisten in gemeinsamer Partnerschaft die christliche Erziehung des getauften Kindes. Gegenseitige Verpflichtungserklärungen ließen sich also auch für Paten und Kirche formulieren.

Aufgrund der inhaltlichen Anforderungen, die die Kirche an Paten hat, sind in den Kirchenordnungen formelle Bedingungen für die Übernahme des Patenamtes formuliert. Niemand kann Pate werden, ohne einer christlichen Kirche anzugehören. Und üblicherweise muss zumindest ein Pate die Konfession haben, in der das Kind aufwachsen soll. In der katholischen Kirche müssen Paten getauft, gefirmt und mindestens 16 Jahre alt sein. Die evangelische Kirche erwartet, dass sie getauft und konfirmiert sind. Sprechen Sie mit Ihren Geistlichen vor Ort, welche Bedingungen Paten erfüllen müssen. Auf evangelischer Seite sind die Anforderungen in den Landeskirchen unterschiedlich. Und auch die einheitlichen Vorschriften der katholische Kirche sehen aus seelsorglichen Gründen gewisse Ausnahmeregelungen vor.

Vater oder Mutter können selbst nicht Pate ihres Kindes werden. Manchmal übernehmen Großeltern das Patenamt für ihr Enkelkind. Das kann unter gewissen Umständen sinnvoll sein. Doch da die Großeltern sowieso eine enge Beziehung zum Kind haben, verschenkt man damit die Möglichkeit, dem Kind noch weitere Menschen an die Seite zu stellen.

Werden trotz aller Bemühungen keine Paten gefunden, die den persönlichen Wünschen sowie kirchlichen Vorschriften entsprechen, wird man mit den Geistlichen vor Ort Lösungen finden.

Geistliche werden oftmals kritisch gefragt, warum das Patenamt mit der Kirchenmitgliedschaft verbunden ist, man könne doch auch an Gott glauben, ohne in der Kirche zu sein. Ja, richtig, persönlicher Glaube ist sehr unterschiedlich und kann auch außerhalb der Kirche sehr wohl existieren. Zum Glück versuchen die großen Kirchen nicht, den persönlichen Glauben zu überprüfen, im Gegensatz zu manchen Sekten. Die katholische und die evangelische Kirche sind ein Dach, unter dem sich

Menschen mit sehr unterschiedlichen Glaubenserfahrungen versammeln können, gut so. Es geht nicht darum, den Glauben der Paten zu prüfen. Es geht um die Frage, ob sie bereit sind dazuzugehören zu diesem Volk Gottes, der „Gemeinschaft der Heiligen", wie das apostolische Glaubensbekenntnis es nennt. Der Satz: „Ich segne dich", den Gott im Alten Testament spricht, bedeutet ausformuliert: „Ich segne dich, mein Volk." In dieses Gottesvolk wird das Kind durch die Taufe aufgenommen. Dazu braucht es Begleiter, die dem Kind diese Gemeinschaft nahe bringen. Andererseits sollen sie dafür sorgen, dass die Gemeinschaft (also die Kirche) das Kind nicht vergisst. Um diese Beziehung geht es bei den kirchlichen Anforderungen an die Paten in erster Linie. Wer sich aus der Kirche entfernt hat, kann sehr wohl an Gott glauben, doch die Kirche bezweifelt mit Recht, dass er „glaubwürdig" zur verantwortungsvollen Mitgliedschaft in dieser Gemeinschaft erziehen kann.

Machen Sie sich den Kirchsaal vertraut

Falls Sie selten oder nie an Gottesdiensten in Ihrer Kirche teilnehmen, so besuchen Sie doch einige in den Wochen vor dem Tauftermin. Feiern Sie mit, beteiligen Sie sich an den Gesängen und Gebeten. So werden Ihnen der Raum und die Teile der Liturgie vertraut. Ein stilles Dank- und Bittgebet für Ihr Kind können Sie dann schon vor Gott tragen.

Fragen Sie die Geistlichen danach, wer Ihnen etwas über die Geschichte der Kirche, die Gestaltung des Kirchsaals und die Bedeutung der Bilder und Symbole erzählen kann. Verabreden Sie einen Termin, an dem Sie sich alles zeigen und erklären lassen. Interessieren Sie sich für die Gegenstände, die bei der Taufe im Mittelpunkt stehen werden. Lassen Sie sich den Taufstein erklären, die Osterkerze mit ihren Symbolen, den Altar. Bedenken Sie: Nur wissbegierige Eltern werden auch wissbegierige Kinder haben. Alle Gegenstände in einer Kirche haben ihre spezielle Bedeutung. Oft ist diese Bedeutung viel tiefsinniger, als man oberflächlich annimmt. So sind z.B. die Blumen auf dem Altar in erster Linie nicht Schmuck, sondern eine Huldigung an Gott. Es ist, als ob man einem Menschen Blumen schenkt; man sagt damit: „Die habe ich für dich gepflückt, ich hab dich gern!" Daher sind dies in der Regel frische Schnittblumen und nicht Trocken- bzw. Topfblumen. Auch über die anderen

Gegenstände – wie Kerzen, Bilder, Tücher, Kunstgegenstände – lassen sich aufschlussreiche Informationen einholen. Davon können Sie dann der Taufgesellschaft weiter erzählen und später Ihrem Kind.

Erste Ideen und Briefe an die Gäste

Viele Taufen leiden unter der schwachen Beteiligung der Mitfeiernden. Diese schauen oftmals nur zu; sie singen und beten kaum mit und schon gar nicht bringen sie sich mit eigenen Beiträgen ein. Als ob eine Taufe eine Show der Geistlichen sei, die man betrachtet und über sich ergehen lässt. Natürlich können die Geistlichen die Lesungstexte, Gebete, den Taufspruch und vieles mehr allein aussuchen und vortragen; doch eine solche „Soloveranstaltung" hinterlässt einen faden Geschmack. Sie wirkt lieblos. Wenn die Gäste dagegen laut mitsingen, innig mitbeten, aufmerksam dabei sind und sich vielleicht sogar mit kleinen Texten beteiligen, wird die Taufe zu einem Fest, bei dem man die Liebe Gottes und der Menschen zu einem Kind erlebt.

Motivieren Sie Freunde und Bekannte, sich zu beteiligen. Dazu kann ein Brief wie der folgende hilfreich sein, den die Eltern schon unmittelbar nach der Geburt verschicken:

An unsere Familie und unseren Freundeskreis!

Unser kleiner Sascha hat am 12. Dezember im Marienhospital das Licht der Welt erblickt.
Wir sind überaus glücklich. Wir denken daran, im April oder Mai in der Stephanuskirche die Taufe zu feiern. Bis dahin ist noch etwas Zeit und eine Einladung mit den genauen Daten werdet Ihr noch erhalten. Schon frühzeitig möchten wir uns Gedanken zur Gestaltung der Taufe machen. Wir bitten Euch um Mithilfe. Liefert uns bitte Ideen. Welche Lieder würdet Ihr gerne singen? Möchtet Ihr uns Texte für die Lesungen vorschlagen? Das können Texte aus der Bibel oder Literatur sein, auch Gedichte, die zu diesem Fest passen. Gibt es Gebete, die Ihr uns empfehlen könnt? Wenn Ihr schöne Taufen miterlebt habt, sagt uns bitte, was daran besonders gelungen war, vielleicht können wir etwas davon übernehmen.

Wir würden uns besonders freuen, wenn wir Personen finden, die sich an der Gestaltung der Taufe beteiligen. Wer ist bereit, einen Text zu lesen? Wer kann einen Spruch auf ein großes Plakat oder Bettlaken schreiben? Hat jemand musikalische Fähigkeiten, die uns bisher verborgen blieben? Wer spielt ein Instrument und kann unserem kleinen Sascha während der Tauffeier als „Geschenk" ein Ständchen spielen? Wir warten auf Eure Ideen. Helft uns mit Tipps, damit die Taufe unseres kleinen Lieblings ein besonderes Fest wird. Wir bauen auf Euch. Besten Dank schon jetzt.

Ingo und Catrin

Spielt jemand im Bekanntenkreis ein Instrument? Dann bietet es sich an, dass diese Person im Gottesdienst ein kleines Musikstück vorträgt. Diese Darbietung muss nicht perfekt sein. Es ist ja kein Konzert, sondern ein „Geschenk" an das Kind. Vielleicht kann auch jemand aus Ihrem Kreis eines der Lieder auf der Gitarre begleiten.

Texte, mit denen Eltern, Paten und Gäste sich in den Gottesdienst einbringen können, finden Sie in den einzelnen Kapiteln dieses Buches und zusätzlich im Anhang. Wählen Sie Abschnitte aus, kopieren Sie Seiten und geben Sie diese frühzeitig als Vorschlag weiter.

Auch die folgenden Ideen für den Gottesdienst oder die anschließende familiäre Feier sollten frühzeitig angestoßen werden. Diese Vorbereitungen sind nicht Aufgabe von Vater oder Mutter. Paten oder Personen aus dem Familien- bzw. Freundeskreis sollten im Vorfeld solche Aktionen anstoßen und den Gästen erklären:

Gestalten Sie (z.B. aus einem Schuhkarton) eine „Taufschatzkiste". Kleine symbolische Geschenke, Texte, Wunschzettel, Erinnerungsstücke werden dann darin aufbewahrt.

Die Gäste werden gebeten, einen Gegenstand für die „Taufschatzkiste" mitzubringen. Dabei geht es nicht um große Geschenke, sondern um kleine, eigentlich wertlose Dinge. Sie erhalten ihren Wert dadurch, dass man sie mit einem Wunsch verbindet. Ein Stein sagt z.B. aus: „Wir wünschen dir, dass du die Steine, die dir vielleicht mal auf der Seele, auf dem Herzen oder im Magen liegen, nicht allein tragen musst!" Eine kleine Kerze kann bedeuten: „Wenn es mal dunkel ist in deinem Leben, sollst du immer wissen, wie man ein Licht anzündet!" Das kleine Geschenk kann eine Perle oder Glaskugel sein, eine kleine Blüte aus Ton oder ein Blütenblatt aus Papier, ein Fisch aus Filz. Jeder Gegenstand wird zum Symbol, wenn man ihm eine Aussage gibt. Schauen Sie in ein Symbollexikon, das man in jeder Bücherei findet, und Sie werden erfahren, wie auch aus einem Ball oder Luftballon, aus einem kleinen Anker, einem Zweig, einem Reiskorn, einem gezeichneten Clown oder einer Muschel ein Symbol wird. Besonders schön ist es, wenn einige Gäste ihr mitgebrachtes Symbol erklären oder eine Erläuterung auf einem Zettel beigelegen.

Jeder Gast kann ein kleines Bild für das Kind malen. Die gesammelten Bilder werden zu einer „Taufcollage" zusammengestellt. Wenn vorher Kärtchen im Format von 10 x 10 cm verteilt werden, haben die kleinen Gemälde eine einheitliche Größe und aus 25 Stück kann am Tauftag eine Collage von 50 x 50 cm werden. Zeichnet man ein entsprechendes Raster auf eine Pappe, damit die „Gemälde" auf die vorgegebenen Felder geklebt werden, so kann man auf einer Kopie des Rasters eintragen, wer das jeweilige „Gemälde" beigesteuert hat. Wird die Collage schon vor dem Taufgottesdienst erstellt, so kann sie vielleicht als aussagekräftige Dekoration hinter dem Taufstein oder vor dem Altar stehen.

Aus einer einfachen Kladde wird durch Bekleben mit Fotos und Bemalen mit Symbolen ein schönes „Taufgästebuch". Dieses wird ausgelegt, damit jeder Gast einen kleinen Spruch, ein Gedicht oder eine Zeichnung eintragen kann. Wenn die Gäste vorher über diese Aktion informiert sind, können sie sich vorbereiten.

Gäste werden gebeten, einen kurzen Segensspruch oder einen biblischen Vers auszusuchen und diesen dem Kind zuzusprechen. Einige „Zusprüche" können sicherlich während des Gottesdienstes geschehen, andere bei der Feier danach.

Wer schmückt den Altar mit Blumen? Findet die Taufe während des üblichen Gemeindegottesdienstes statt, so wird die Küsterei für Blumen sorgen. Bei gesonderten Taufgottesdiensten liegt es oftmals bei den Tauffamilien, den Blumenschmuck bereitzustellen. Machen Sie doch aus dieser Aufgabe eine schöne, ausdruckstarke Aktion. Bitten Sie jeden

Gast, eine Blume mitzubringen. Dann entsteht ein bunter Strauß. Sprechen Sie mit den zuständigen Geistlichen über diese Idee. Vielleicht nutzen sie den so entstandenen Blumenschmuck gern zu Beginn des Gottesdienstes für eine Aktion, die den Symbolgehalt der „Blumenspende" verdeutlicht: Die meisten Blumen wurden dazu schon vor Beginn des Gottesdienstes abgegeben. Eine Person aus dem Familien- oder Freundeskreis formte daraus einen bunten Strauß, der nun auf dem Altar steht. Einige Blumen (z.b. die der Taufpaten) werden allerdings erst zu Beginn des Gottesdienstes, unter den Augen aller Gäste, zum Altar gebracht. Die Geistlichen geben dazu das Stichwort und zeigen auf, dass jede Blüte ein Segenswunsch für Ihr Kind ist. Der bunte Strauß gibt Anlass, einige Sätze über die Vielfalt der Wünsche und Hoffnungen sowie die Reichhaltigkeit des Segens zu sagen. Der schriftlichen Einladung zur Taufe kann schon die „Bitte um die Blumenspende" beigelegt werden:

Hallo, Ihr Lieben!

Am 6. Mai wird unsere kleine Franziska getauft.
Der beiliegenden Einladung fügen wir noch diesen Wunsch an:
Nach einem alten, fast vergessenen Brauch bitten wir unsere Gäste, jeweils eine Blume zum Gottesdienst mitzubringen. Wir erhoffen uns, dass aus den einzelnen Blüten ein großer, bunter, vielfältiger und aussagekräftiger Strauß wird. Eine einzelne Blume genügt also. Wir sind gespannt auf das Ergebnis. Jede einzelne Blüte ist dann ein guter Wunsch für unseren kleinen Liebling.
Bis dann.

Helen und Bernd

Die Auswahl des Taufspruches

Ein Spruch kann als Motto über die Taufe und das Leben des Kindes geschrieben werden. In der evangelischen Kirche ist die Auswahl eines solchen Taufspruches feste Tradition. In der katholischen Kirche verbreitet sich dieser Brauch zunehmend. In den meisten Gemeinden wird Wert darauf gelegt, dass der Taufspruch ein Vers aus der Bibel ist. Sollten Sie einen Spruch wünschen, der nicht in der Bibel zu finden ist, so sprechen Sie mit Ihren Geistlichen darüber; vielleicht möchten sie dem von Ihnen ausgesuchten Zitat einen passenden Bibelvers hinzufügen.

Wählen Sie den Taufspruch frühzeitig aus. Er kann als Motto schon die gesamte Vorbereitung beeinflussen und z.B. auf der Einladung stehen. Schließlich kann er einzelne Abschnitte der Tauffeier prägen, von der Dekoration bis zur Predigt.

Um einen Taufspruch zu finden, müssen Sie nicht die gesamte Bibel durchlesen. Am Ende dieses Buches finden Sie eine Auswahl sinnvoller biblischer sowie nichtbiblischer Sprüche. Vielleicht wird Ihnen von der Gemeinde ein Heft mit möglichen Sprüchen zu Auswahl gegeben. Achten Sie aber auch darauf, ob es in der Familientradition einen biblischen Spruch gibt, den Sie nun auch Ihrem Kind auf den Lebensweg mitgeben möchten. Das kann z.b. der Taufspruch oder Trauspruch der Eltern oder der Großeltern sein.

Sobald Sie einen Spruch in die engere Wahl gezogen haben, so überlegen Sie, was Ihnen an der Aussage dieses Verses besonders gefällt. Erklären Sie im Taufgespräch, wie Sie zu diesem Spruch kamen und warum er Sie besonders anspricht. Die Geistlichen erfahren dadurch etwas über Sie und Ihre Motive; vielleicht wird der Pfarrer bzw. die Pfarrerin einige Ihrer Gedanken in den Gottesdienst einbringen.

Der Taufspruch kann schon als Motto auf der Einladung stehen. In riesigen (bunten) Buchstaben kann er auf ein Bettlaken, eine Pappwand oder ein Banner geschrieben werden. Dieses große Transparent kann z.B. über das Eingangsportal der Kirche gehängt werden. Andererseits findet es vielleicht im Kirchsaal als Dekoration einen Platz oder wird während der Taufe ausgerollt und von einigen Personen hochgehalten. Man kann mit dieser Aufgabe auch anwesende Kinder beauftragen, die auf diese Weise aktiv in das Geschehen einbezogen sind.

Erwarten Sie mehrere Kinder im Gottesdienst, so schreiben Sie auf Papierbögen jeweils nur ein oder zwei Worte des Taufspruches. Verteilen Sie die Blätter. Die Kinder haben dann die Aufgabe, sich vorne so aufzustellen, dass die Worte in der richtigen Reihenfolge erscheinen. Die anwesenden Gäste helfen den Kindern sicherlich gern dabei.

Alle Anwesenden können ebenfalls einen Spruch erhalten. Dazu kann ein Körbchen mit Spruchzetteln bereit stehen. Diese „Spruchlose" werden während des Gottesdienstes oder am Ausgang gezogen. Man nimmt den Spruch als Geschenk mit nach Hause, über das man nachsinnen kann. Gegebenenfalls können auf diesen Zetteln die Sprüche stehen, die bei der Suche nach dem Taufspruch in die engere Wahl gezogen wurden.

Sinnvoll ist es, wenn der Taufspruch bei der Feier nach dem Gottesdienst noch sichtbar ist. Er hängt als Spruchband an der Wand, steht auf den Tischkärtchen oder der Speisekarte. Auch hier gilt: Die Eltern sollten nicht alles allein vorbereiten. Sicherlich gibt es im Bekanntenkreis Personen, die solche Banner oder Kärtchen gern mit dem Computer gestalten.

Als Leitwort kann der Taufspruch später ins Familienalbum oder in die Kinderbibel geschrieben werden. Zu jeder Geburtstagsfeier, zu jedem Namenstag oder der Feier des Tauftages kann er wieder im Mittelpunkt stehen und auf der Tischdekoration oder den Glückwunschkarten zu finden sein.

Auswahl eines Symbols

Vielleicht mögen Sie sich (zusätzlich zum Taufspruch) noch für ein Symbol entscheiden, das sich wie ein roter Faden durch die gesamte Tauffeier zieht.

Das Wort „Symbol" kommt aus der griechischen Sprache und bedeutet „zusammengefügt". Ein Symbol ist aus einem Gegenstand und einer tiefen Bedeutung zusammengefügt. Der Gegenstand und die dazugehörige Bedeutung verschmelzen zu einer Einheit. Sieht man den Gegenstand, so schwingt die Bedeutung mit. Man weiß ohne Worte, was gemeint ist. Der Ehering an meiner Hand bedeutet: Ich bin einen festen Bund der Liebe und Treue eingegangen. Die rote Rose, die ich verschenke, bedeutet: Ich mag dich.

Anstelle eines Gegenstandes kann auch die Abbildung eines Tieres oder eines Menschen zum Symbol werden. So steht die weiße Taube für Frieden oder der Heilige Nikolaus für Hilfsbereitschaft. Wissenschaftler sind sicher: Lange bevor sich die Sprache entwickelte, haben Menschen Symbole zur Verständigung genutzt. Gerade für Sachverhalte, die sich schwer oder nur mit sehr vielen Worten erklären lassen, bieten sich Symbole an.

Im Bereich der Gefühle der Stimmungen und der Religion sind sie unentbehrlich.

Wie der Taufspruch oder mit diesem gemeinsam kann ein Symbol

- die Einladungsbriefe und das Liedblatt zieren,
- auf einem Banner über der Kirchentür hängen,
- auf ein Blatt oder Laken gemalt an der Vorderseite des Altars, an der Kanzel oder an der Kirchenwand einen Platz finden,
- auf die Tischdekoration gedruckt werden.

Hier folgt eine Auswahl von Symbolen, die sich für die Tauffeier in besonderer Weise eignen:

Kerze – Jesus sagte: „Ich bin das Licht der Welt." Die Kerze ist also in der Christenheit ein Zeichen für Jesus selbst. Während sie Wärme und Licht spendet, wird sie immer kleiner; sie opfert sich sozusagen für die Menschen auf. Auch diese „Eigenschaft" deutet auf Jesus hin. Die brennende Kerze bedeutet also: „Gott ist da! In die Dunkelheiten des Lebens bringt er Licht. Er zeigt dir den Weg, den du gehen kannst. Er opfert sich für dich." Neben diesem Zuspruch zeigt sie aber auch einen Anspruch: „Du lebst nicht nur für dich. Denke auch an die anderen Menschen. Sei ihnen ein Licht in ihren Dunkelheiten. Zeige anderen einen guten Weg. Achte darauf, dass dein inneres Auge, dein Herz, nicht dunkel wird!"

- Passende Bibelstellen: *Jesus spricht: Ich bin das Licht der Welt. Wer mir nachfolgt, der wird nicht wandeln in der Finsternis, sondern wird das Licht des Lebens haben. (Johannes 8,12) / Ihr seid das Licht der Welt. (Matthäus 5,14) / Ich bin in die Welt gekommen als ein Licht, damit, wer an mich glaubt, nicht in der Finsternis bleibe. (Johannes 12,46)*

Hand – Sie stellt die schützende Hand Gottes dar. Eine große Hand symbolisiert auch die Verantwortung, welche die Erwachsenen für die Kinder haben. Eine Kinderhand zeigt die Hilflosigkeit kleiner Menschenkinder. Hervorgehoben wird diese Bedeutung, wenn die große und die kleine Hand ineinander greifen.

- Passende Bibelstellen: *Ich erhebe meine Hand zum Herrn, dem höchsten Gott, dem Schöpfer des Himmels und der Erde. (1. Mose 14,22) / Und dennoch gehöre ich zu dir! Du hast meine Hand ergriffen und hältst mich. (Psalm 73,23–24) / Ich fasse dich bei der Hand und sage: Fürchte dich nicht. (Jesaja 41,13) / Ich halte dich bei der Hand und behüte dich. (Jesaja 42,6) / Dein Gott spricht: Ich vergesse dich nicht. Sieh her: Ich habe dich eingezeichnet in meine Hände. (Jesaja 49,15–16)*

Hirte/Schaf – Der Hirte bedeutet Schutz. Bei ihm sind die Schafe in Sicherheit. Als Symbol steht er für Gott. „Der Herr ist mein Hirte", betete der junge David schon vor Jahrtausenden. Jesus sagt von sich: „Ich bin der gute Hirte." Das Schaf ist allein hilflos; es braucht den Hirten. Die Eltern drücken mit diesen Bildern aus: „Wie ein Hirte seine Schafe beschützt, so soll Gott bei unserem Kind sein." Mit der Taufe wird das Kind als Schäfchen in Gottes Herde eingegliedert. Hängt ein großes Bild mit dem Hirten und seinen Schafen an der Wand, so kann in ein Schäfchen der Name des Taufkindes eingetragen werden. Weitere Kinder können ihre Namen in die anderen Schäfchen schreiben. Ausgeschnittene Schäfchen werden auf Wäscheklammern geklebt. Auf jedes Schäfchen   kann dann der Name eines Kindes geschrieben werden. Diese Schäfchen klammern zunächst am Hirten aus Pappe; später darf jedes Kind sein Schäfchen an seiner Kleidung befestigen und es mitnehmen.

- Passende Bibelstellen: *Der Herr ist mein Hirte, mir wird nichts mangeln. (Psalm 23,1) / Gott wird seine Herde weiden wie ein Hirte. Er wird die Lämmer in seinem Arm sammeln und im Bausch seines Gewandes tragen. Er wird die Mutterschafe führen. (Jesaja 40,11) / Wie ein Hirte seine Schafe sucht, wenn sie von seiner Herde verirrt sind, so will ich meine Schafe suchen und will sie erretten von allen Orten, spricht Gott. (Hesekiel 34,12) / Ich bin der gute Hirte. Der gute Hirte lässt sein Leben für die Schafe. (Johannes 10,11) / Ich bin der gute Hirte und kenne die Meinen, und die Meinen kennen mich. (Johannes 10,14)*

Wurzel/Baum – Die Wurzel bedeutet Halt, Heimat, Geborgenheit, Sicherheit. All dies soll das Kind bei Gott finden. Zudem wollen die Eltern, die Taufgesellschaft und die Gemeinde für das Kind alles tun, damit seine Wurzeln sich entwickeln können. Der Baum sagt: Du sollst gesunde Wurzeln haben; du sollst stark sein und gute Früchte tragen! Vielleicht haben Sie die Möglichkeit, sich eine echte, große Wurzel auszuleihen, die dann als Dekoration neben dem Taufbecken steht. An ein echtes Bäumchen oder an eines aus Pappe können die Gäste ihre „Wunschblätter" hängen.

- Passende Bibelstellen: *Wie Josef wirst du wachsen, wie ein Baum an der Quelle, dass die Zweige emporsteigen über die Mauer. (1. Mose 49,22)* / *Denn ein Baum hat Hoffnung, auch wenn er abgehauen ist; er kann wieder ausschlagen, und seine Schösslinge bleiben nicht aus. (Hiob 14,7)* / *Du sollst sein wie ein Baum, gepflanzt an den Wasserbächen, der seine Frucht bringt zu seiner Zeit, und seine Blätter verwelken nicht. Und was er macht, das gerät wohl. (Psalm 1,3)* / *Du bist wie ein Baum, am Wasser gepflanzt, der seine Wurzeln zum Bach hin streckt. Denn obgleich die Hitze kommt, fürchtet er sich doch nicht, sondern seine Blätter bleiben grün; und er sorgt sich nicht, wenn ein dürres Jahr kommt, sondern bringt ohne Aufhören Früchte. (Jeremia 17,8)*

Fisch – Er ist als Erkennungszeichen der Christen noch älter als das Kreuz. In den frühen Zeiten der Christen galt er als Geheimzeichen, an dem man die Glaubensbrüder und -schwestern erkannte. Er ist ein Symbol für Lebendigkeit (wie ein Fisch im Wasser) und Lebensfreude. Es gibt im Handel preiswerte kleine Holzfische als Anhänger; vielleicht schenkt man jedem Gast ein Fischkettchen.

Anker – Zeichen aus der Seefahrt waren in der frühen Christenheit besonders beliebt; denn die Jünger und viele der ersten Christen lebten vom Fischfang. Beständigkeit, Treue drückt dieses Symbol aus sowie den Wunsch nach Halt und Heimat.

- Passende Bibelstelle: *Durch Gott hast du Hoffnung; sie ist ein sicherer und fester Anker deiner Seele. (Hebräer 6,18–19)*

Rose/Blütenblätter – Die Rose wird als Königsblume bezeichnet. Sie ist die Blume der Superlative: Keine andere Blüte trägt eine solch große Anzahl von Blättern; keine andere Blume in unseren Gärten blüht in so vielen Monaten des Jahres; keine andere Blüte erscheint in so vielen Variationen und Farben. Sie ist Zeichen der Schönheit und Ausdruck der Liebe. „Wir lieben dich", sagt sie dem Kind, „du sollst vielfältig blühen; die Menschen in deiner Umgebung sollen sich an dir erfreuen." Echte Blütenblätter oder ausgeschnittene können den Rand des Taufbeckens zieren.

- Passende Bibelstellen: *Gott spricht: Ich lasse dich aufblühen wie eine Blume. So wächst du heran und wirst groß und überaus schön. (Hesekiel 16,7)* / *Gott spricht: Ich will für dich wie der Tau sein. Du wirst blühen wie eine Lilie und deine Wurzeln tief einsenken wie eine Zeder. (Hosea 14,6)* / *Wie eine Lilie lässt Gott dich blühen. Sing mit lauter Stimme, preise Gott für alle seine Taten! (Sirach 39,14)*

Wassertropfen/Wasser – Ohne Wasser gibt es kein Leben. So sind die Tropfen Zeichen für alles Gute, das Gott schenkt, für das Leben, für Gesundheit und Kraft. Wassertropfen stärken den dürren Boden, sie erfrischen das müde Gesicht, sie benetzen die trockenen Lippen. Unterschiedlich große Papierstücke in Tropfenform (mit Sprüchen oder Namen darauf) können den Kirchsaal und die häusliche Wohnung schmücken.

- Passende Bibelstellen: *Gott spricht: Ich werde dein Wasser segnen. Ich werde Krankheiten von dir fernhalten. (2. Mose 23,25)* / *Du gabst ihnen deinen guten Geist, um sie zur Einsicht zu bringen. Du entzogst ihnen dein Manna nicht und gabst ihnen Wasser für ihren Durst. (Nehemia 9,20)* / *Wie der Hirsch lechzt nach frischem Wasser, so lechzt meine Seele, Gott, nach dir. (Psalm 42,2)*

Taube – Sie stellt den Geist Gottes dar, der in der Schöpfungsgeschichte über den Wassern schwebt. Sie steht also für Ruhe, Ordnung, Geborgenheit. Sie ist der Geist Gottes, der herabstieg, nachdem Jesus von Johannes dem Täufer im Jordan getauft worden war. Sie steht also für das neue Leben, für die göttliche Kraft, die durch die Taufe auf einen Menschen kommt.  Die Taube brachte Noah den grünen Zweig als Zeichen, dass Gott den Regen gestoppt hatte und er mit seinen Tieren die Arche verlassen konnte. Sie ist also Zeichen für den Frieden zwischen Gott und den Menschen. Eine kleine weiße Taube ist Zeichen der Schutzbedürftigkeit, der Reinheit, Zartheit, Schönheit. Die Taube in der menschlichen Hand ist Zeichen für Vertrauen; ebenso sind wir Menschen geborgen in der Hand Gottes.

- Passende Bibelstellen: *Vor Gott bist du stets wie eine Taube mit silbernen Schwingen, mit goldenem Flügel! (nach Psalm 68,14) / Kaum war Jesus getauft und aus dem Wasser gestiegen, da öffnete sich der Himmel, und er sah den Geist Gottes wie eine Taube auf sich herabkommen. (Matthäus 3,16)*

Engel/Schutzengel – Ein Engel sprach im Alten Testament zu Hagar und im Neuen zu Maria: „Fürchte dich nicht!" Engel zeigten Abraham und Mose den Weg und führten das Volk Israel durch die Wüste. Sie sind Boten Gottes, ausgesandt, eine frohe  Botschaft zu überbringen. Sie zeigen ungeahnte Möglichkeiten auf und begleiten auf schweren Wegstrecken. Sie stehen deutlich auf der Seite des Guten, kämpfen gegen das Böse und schützen vor seinen zerstörenden Einflüssen. „Gott zeigt dir einen guten Weg", sagen sie dem Kind, „er begleitet dich, behütet dich, bewahrt dich vor allem Bösen, stärkt dich zu allem Guten." Vielleicht mögen Menschen aus Ihrem Freundes- bzw. Familienkreis kleine Schutzengel basteln, die dann den Gästen als Segenszeichen mitgegeben werden. Bastel- und Malvorlagen findet man reichlich in Handarbeitsgeschäften und Buchläden; sicherlich helfen Ihnen bei der Ideenfindung auch gern die Erzieherinnen im nächstliegenden Kindergarten.

- Passende Bibelstellen: *Gott, der Herr, wird dir seinen Engel mitschicken und deine Reise gelingen lassen. (1. Mose 24,40)* / *Ich werde einen Engel schicken, der dir vorausgeht. Er soll dich auf dem Weg schützen und dich an den Ort bringen, den ich bestimmt habe. (2. Mose 23,20)* / *Gott sprach zu Mose und spricht so zu dir: Ich sende einen Engel, der dir vorangeht, und ich vertreibe alle deine Feinde. (2. Mose 33,2)* / *Gott hat seinen Engeln befohlen, dich zu behüten auf allen deinen Wegen. (Psalm 91,11)*

Falls Sie weitere Symbole und passende Texte suchen, so schauen Sie in einem „Lexikon der Symbole" nach oder geben Sie ins Internet-Suchprogramm den Begriff „Symbol" ein und den Gegenstand, den Sie ins Auge gefasst haben. So finden Sie sicherlich auch Texte, die Sie Ihrem Symbol beilegen können. Auch Bildvorlagen liefern die Bücher und das Internet reichlich.

Möchte man ein Symbol in Übergröße an die Wand malen, so empfiehlt es sich, die Vorlage zunächst klein auf eine Folie zu malen oder zu kopieren. Wird diese dann mit einem Overheadprojektor oder Beamer an die Wand geworfen, so lassen sich die Umrisse hier gut und schnell nachzeichnen.

Lieder im Gottesdienst

Sie finden in diesem Buch zu jedem der vier Hauptteile des Gottesdienstes ein Kapitel mit Liedvorschlägen und Hinweisen zum Fundort der Lieder. „GL" ist die Abkürzung für „Gotteslob" (das katholische Kirchengesangbuch), „EG" steht für „Evangelisches Gesangbuch". Manche Lieder sind nur in verschiedenen „Anhängen" dieser Gesangbücher zu finden, d.h. in „Eigenteilen" der katholischen Bistümer bzw. in evangelischen „Landeskirchlichen Liedteilen". Die Bezeichnung „modernes Liedgut" bedeutet, dass Sie dieses Lied in vielen neueren Liedbüchern und -heften finden. Vergessen Sie bei der Suche auch das Internet nicht.

Ein Gottesdienst „lebt" vom guten Gesang. Wenn Lieder so schwierig oder unbekannt sind, dass nur wenige Gäste sich am Gesang beteiligen, wirft dies einen Schatten auf das Freudenfest. Überlegen Sie bei den Vorbereitungen, wie Sie das Mitsingen fördern können.

- Informieren Sie sich im Freundeskreis, welche Lieder bekannt sind. Wenn mehrere Kinder teilnehmen werden, so berücksichtigen Sie auch deren Liedwünsche. Lassen Sie sich im Kindergarten bzw. in der Grundschule die Texte und Noten geben.
- Üben Sie die Lieder vorher im Familien- und Freundeskreis. Vielleicht finden Sie jemanden, der sie Ihnen vorsingen kann.
- Wenn Sie der Einladung zur Taufe schon die Texte mit Noten beilegen, können sich auch die Gäste vorbereiten.
- Wenn Sie ein Faltblatt erstellen, das den Gottesdienstablauf sowie die Texte und Lieder enthält, die man gemeinsam sprechen und singen wird, hilft das Ihren Gästen, sich zu orientieren und zu beteiligen. Ein Foto Ihres Kindes, des Altars oder Taufbeckens kann dieses Liedblatt zieren. Es ist dann ein gutes Andenken an diesen Freudentag. Auch hier der Hinweis: Beziehen Sie andere Menschen in die Vorbereitung ein. Sie kennen sicherlich einen grafisch versierten Computerfreak, der das Liedblatt gern erstellt.
- Sind Ihnen die ausgesuchten Lieder weitgehend fremd, so erkundigen Sie sich, ob es möglich ist, dass sie zu Beginn des Gottesdienstes unter Leitung des Organisten/der Organistin gemeinsam eingeübt werden.

Die Liedvorschläge in diesem Buch berücksichtigen nicht die besonderen Festtage im Jahreskreis. Findet die Taufe z.b. im Advent, der Weihnachtszeit, oder um das Erntedankfest statt, so sollten entsprechende, allseits bekannte Lieder nicht fehlen.

Suchen Sie insbesondere einfache und bekannte Lieder. Zu mehreren alten, bekannten Gesangbuchliedern sowie zu modernen Melodien gibt es speziell auf die Taufe zugeschnittene neue Texte. Hier als Beispiel mein Text, der auf die Melodie „Danke für diesen guten Morgen" sicherlich gut mitgesungen wird. Dieses Lied kann an verschiedenen Stellen des Gottesdienstes einen Platz haben. Es passt textlich zur Bibelstelle: „Nun aber bleiben Glaube, Hoffnung, Liebe, diese drei; aber die Liebe ist die Größte unter ihnen" (1. Korinther 13,13):

Glaube, das ist die Macht des Guten,
Glaube hält allem Bösen stand.
Glaube gibt uns die Kraft zum Leben,
führt uns Hand in Hand.

Hoffnung braucht jeder Mensch zum Leben,
Hoffnung, die unser Gott uns gibt.
Hoffnung hält er bereit für jeden,
der von Herzen liebt.

Liebe führt dich auf alle Gipfel,
Liebe bringt dich durch jedes Tal.
Liebe, dir heut von Gott gegeben,
trägt dich allemal.

Die Geistlichen und die Kirchenmusikerinnen und -musiker sind Ihnen bei der Liedauswahl sicherlich gern behilflich.

Kinder im Gottesdienst

Bedenken Sie, dass der Gottesdienst bis zu einer Stunde dauern kann. Da werden die kleineren Kinder natürlich unruhig. Das sollten Sie in der Planung berücksichtigen. Verlassen Sie sich nicht darauf, dass der Pfarrer für Ruhe und Ordnung sorgen wird.

Insbesondere wenn die Taufe innerhalb eines Gemeindegottesdienstes bzw. einer Messe gefeiert wird, sollten Sie vorher überlegen, wie die (kleinen) Kinder beschäftigt werden können. Nehmen Sie kein Spielzeug mit, mit dem man Krach machen kann! Malsachen (Papier, Malbücher und Stifte), Bilderbücher und Kuscheltiere haben sich bewährt. Größere Kinder können sicherlich mit kleinen Aufgaben in den Gottesdienst einbezogen werden.

Bestimmt dürfen die Kleinen während des Gottesdienstes ihre Plätze verlassen. Das ist sicherlich besser, als sie mit Mühe und Unruhe am Platz festzuhalten. Aber bitte bedenken Sie, dass Kinder nicht an der Altardecke ziehen, an den Kerzenständern rütteln, an der Mikrofonanlage oder anderen Geräten hantieren sollten. Klären Sie im Taufgespräch oder bei Ihrer „Kirchbesichtigung", wo und wie Kinder sich bewegen dürfen. Schimpfen Sie während der Feier nicht; ein ständiges „Psst!", „Still!", „Pass jetzt auf!", „Komm her!", „Lässt du das endlich!" stört mehr als die Geräusche der Kinder. Bewegt sich ein Kind an den falschen

Ort, so holen Sie es still aber bestimmt zurück. Das Kind wird das wortlos verstehen. Durch Erklärungen halten Sie sich nur selbst davon ab, dem Gottesdienst zu folgen. Klären Sie im Taufgespräch, in welchen Raum sich ein Erwachsener mit Kindern zurückziehen kann. Sicherlich gibt es einen Flur oder einen Nebenraum, in dem jemand aus der Gästeschar die Kinder gern beschäftigt, bis sie dann zur eigentlichen Taufzeremonie hinzugeholt werden. Eine Person, wahrscheinlich die Mutter, sollte darauf vorbereitet sein, mit dem Taufkind im Kirchsaal herumzulaufen oder bis zur Taufhandlung in einem Nebenraum oder vor der Kirche zu verweilen, falls es zu unruhig wird. Besprechen Sie vorher, wer von den Gästen die Aufgabe der Kinderbetreuung übernimmt.

Das Taufgespräch

Üblicherweise bitten die Geistlichen in den Wochen vor dem Tauftermin die Eltern (oft auch die Paten) zu einem Taufgespräch oder auch Taufseminar. Diese Taufvorbereitung findet in den Räumen der Gemeinde oder bei den Eltern daheim statt. Dieses Gespräch dient dazu, organisatorische und inhaltliche Fragen zu erörtern. Sie können dabei Ihre Fragen stellen und Ihre Anliegen und Gestaltungsvorschläge vorbringen.

Notieren Sie sich vorher alles, was Sie klären wollen. Bedenken Sie neben den Formalitäten auch, Ideen für die Gestaltung einzubringen. Machen Sie sich also beim Durchlesen dieses Buches Notizen. Überlegen Sie frühzeitig, wer sich aus Ihrer Gästeschar mit Fürbitten, Gebeten, mit Musik oder Texten beteiligen kann. Nehmen Sie die folgenden Punkte als Grundlage, Ihre eigene Checkliste für das Taufgespräch zusammenzustellen:

- Warum möchten wir, dass unser Kind getauft wird?
- Welche Personen sollen Taufpaten werden?
- Suchen wir einen Taufspruch aus oder gibt es in der Familientradition einen biblischen Spruch oder schlägt die Gemeinde einen Spruch vor?
- Gibt es biblische Texte, die uns besonders ansprechen?
- Welche anderen Texte (Gedichte oder Erzählungen) möchten wir für die Tauffeier vorschlagen?
- Welchen Text mögen wir selbst vortragen?

- Welche Personen aus dem Freundeskreis sind bereit, einen Text zu lesen?
- Gibt es Texte oder Ideen aus diesem Buch, die wir vorschlagen werden?
- Wie können Gäste einbezogen werden?
- Möchten wir, dass jemand ausdrücklich begrüßt wird?
- Für welche Person oder für welchen Anlass soll eine Fürbitte gesprochen werden?
- Gibt es Lieder, die wir für den Gottesdienst vorschlagen möchten?
- Soll ein Liedblatt/Ablaufblatt gestaltet werden?
- Darf während der Messe bzw. des Gottesdienstes fotografiert werden?
- Dürfen Videoaufnahmen gemacht werden?
- Wird die Taufkerze von der Familie oder der Gemeinde besorgt?
- Haben wir ein Taufkleid?
- Welchen Brauch gibt es in der Gemeinde bezüglich des Taufkleides?
- Wer übernimmt das Schmücken des Altars mit Blumen?
- Können die anwesenden Kinder irgendwie einbezogen werden?
- Wie beschäftigen wir die kleinen Kinder, wenn sie unruhig werden?
- Können wir den Zweck der Kollekte bzw. des Klingelbeutels mitbestimmen?

Eröffnung und Anrufung (1. Hauptteil)

Die Taufe ist entweder Teil des sonntäglichen Gemeindegottesdienstes (der Messe) oder wird als gesonderter Taufgottesdienst gefeiert. Ob als Gemeindegottesdienst oder spezieller Taufgottesdienst, der gesamte Gottesdienst ist Taufgottesdienst; d.h. auch, dass die Familie und die Gäste von Anfang bis Ende dabei sind. Nur in besonderen Ausnahmefällen können Gäste später kommen oder vorher gehen.

Vier Hauptteile hat ein christlicher Gottesdienst, das gilt auch für die Taufe:
1. Eröffnung und Anrufung
2. Verkündigung
3. Sakrament
4. Sendung und Segen

Die Taufe ist ein Sakrament. Sie bildet also den dritten Hauptteil der gottesdienstlichen Feier.

Der erste Hauptteil ist in erster Linie eine Kontaktaufnahme mit den Mitmenschen und mit Gott. Die Anwesenden werden begrüßt, machen sich ggf. miteinander bekannt, singen ein verbindendes Lied und tragen Gott im Gebet ihre Bitten, aber auch ihren Dank und Lob vor.

Glockengeläut

Glocken sind in verschiedenen Funktionen in nahezu allen Religionen bekannt. Im christlichen Bereich tauchen Glocken erstmals im 6. Jahrhundert in nordafrikanischen Klöstern auf. Bei uns im Abendland kennt man Glocken seit dem 9. Jahrhundert. Seit dem 13. Jahrhundert hat es sich durchgesetzt, dass sie zum Gottesdienst rufen und die Gemeindeglieder auf dem Weg zur Kirche begleiten. In der frühen Christenheit übernahmen häufig Trompeten diese Aufgabe.

Über die Funktion des Zusammenrufens hinaus bedeutet das Glockengeläut bei Taufen (wie auch bei Trauungen und besonderen Segenshandlungen): „Gott begleitet dich auf dem neuen Weg." Die Glocken sind „Zeugen" für den Bund Gottes mit den Menschen. So sind sie gerade bei der Taufe, wo ja ein solcher Bund neu geschlossen wird, ein sehr wichtiges Element. Zudem eröffnen sie den Gottesdienst (sie läuten ihn ein) und begleiten mancherorts Gebete wie das stille Eingangsgebet und das Vaterunser. Die in der Kirche nicht anwesenden Menschen sollen durch die weithin hörbaren Glocken zum Mitbeten aufgefordert werden. In manchen Gemeinden werden sie zudem in dem Augenblick angestellt, wenn das Wasser über den Kopf des Kindes geschüttet wird.

Die Begrüßung an der Kirchentür

An der Kirchentür wird die Tauffamilie mit ihren Gästen abgeholt. In der katholischen Kirche ist dies der erste Bestandteil der Liturgie. Es ist eine symbolische Handlung, mit der die Geistlichen ausdrücken: Dieses Kind ist uns willkommen; es zu begrüßen ist unsere erste Aufgabe; wir warten nicht in der Kirche, denn wir können es kaum erwarten; wir gehen ihm entgegen, wie man Ehrengästen immer entgegengeht; wir laden es ein, in die Kirche, zur Taufe und damit in die Gemeinschaft der Getauften. Dieser Akt drückt die Freude Gottes aus über jedes kleine oder große „Menschenkind", das zu ihm kommt.

Die Geistlichen heißen die Tauffamilie an der Kirchentür zunächst mit freien Worten willkommen. Sie versuchen, die Beteiligten mit dieser Begrüßung in die Feierlichkeit und Besinnlichkeit des Gottesdienstes „hineinzuführen". Der Stress der Vorbereitung und die Sorge um das gute Gelingen der Feier sollen nun weichen. Für Freude und Dankbarkeit wird Platz geschaffen.

Nennen Sie den Geistlichen im Vorbereitungsgespräch Personen, die besonders begrüßt werden sollen. Dies könnte z.B. die Uroma sein, die sich so sehr gewünscht hat, diesen Tag noch zu erleben, oder eine Person, die einen besonders weiten Weg gemacht hat, oder ein Mensch, der anlässlich dieser Tauffeier zum ersten Mal wieder in seine alte Heimat zurückkam.

Wird die Taufe als gesonderter Taufgottesdienst gefeiert und ist Ihre Familie vielleicht sogar die einzige Tauffamilie, die zu diesem Termin begrüßt wird, so bietet es sich für die Eltern an, selbst auch ein „Grußwort" zu sprechen. Klären Sie mit den Geistlichen, ob dieses schon hier an der Kirchentür oder erst nach dem Einzug in den Kirchsaal angebracht ist:

*Ich begrüße euch, die ihr gekommen seid,
um mit uns dieses wunderbare Fest zu feiern.
Zum Teil habt ihr einen weiten Weg auf euch genommen.
Onkel Karl ist aus Wiesbaden angereist.
Besonders freuen wir uns, dass Oma dabei sein kann,
wir alle haben um ihre Gesundheit gebangt und gehofft.
Mit euch allen zusammen sind wir stark.
Mit euch und mit dem allmächtigen Gott,
unter dessen Schutz wir unser Kind heute stellen,
sind wir nicht nur stark,
sondern unschlagbar und überglücklich.
Lasst uns das nun gemeinsam feiern.*

Ein zweiter Vorschlag für eine solche eigene Begrüßung:

*Danke, dass ihr alle da seid.
Danke, dass unser kleiner Schatz auch euch so wichtig ist und ihr euch mit uns freut.
Danke, dass du, Inge, und du, Klaus, die Patenschaft übernehmt.
Danke, dass ihr alle mit uns hofft, betet, singt und feiert.
Danke! Wir sehen daran, dass wir in guten und in schlechten Zeiten auf euch und auf Gott bauen können.
Das lasst uns heute feiern.*

„Gespräch" mit Eltern und Paten

Zu einer Taufe in der katholischen Kirche gehört, dass der Geistliche nun vor dem Einzug in die Kirche (oder auch direkt nach der Begrüßung im Kirchsaal) ein „Gespräch" mit Eltern und Paten führt. Die evangelische Kirche kennt diesen Abschnitt so nicht. Die katholische Liturgie sieht folgenden Gesprächsablauf vor, dessen Wortlaut Geistliche oftmals abwandeln, ohne dass der Sinn geändert wird:

Geistlicher:	„Wie heißt das Kind?"
Eltern:	(Nennen den Namen.)
Geistlicher:	„Was erbitten Sie von der Kirche?"
Eltern:	„Die Taufe!"
Geistlicher:	„Liebe Eltern, Sie haben für Ihr Kind die Taufe erbeten. Damit erklären Sie sich bereit, es im Glauben zu erziehen. Es soll Gott und den Nächsten lieben lernen, wie Christus es uns vorgegeben hat. Sind Sie sich dieser Aufgabe bewusst?"
Eltern:	„Ja, mit Gottes Hilfe!"
Geistlicher: (an die Paten)	„Liebe Paten! Die Eltern dieses Kindes haben Sie gebeten, das Patenamt zu übernehmen. Auf Ihre Weise sollen Sie mithelfen, dass aus diesem Kind ein guter Christ wird. Sind Sie dazu bereit?"
Paten:	„Ja, mit Gottes Hilfe!"

Warum fragt der Geistliche nach dem Namen des Kindes? Er kennt ihn doch schon und hat ihn auch schriftlich vor sich! Dieser Abschnitt ist, wie viele Teile der Liturgie, aus der Tradition zu verstehen. Im Mittelalter wurde der Name des Kindes an dieser Stelle erstmals laut ausgesprochen. Vorher wurde er verheimlicht, denn man glaubte, der Teufel würde sich des Kindes bemächtigen, wenn er seinen Namen hört. Oftmals wurde das Kind sogar mit falschem Namen genannt, „um den Teufel auf eine falsche Spur zu leiten". Jetzt erst, an der Kirchentür sah man das Kind in Sicherheit. Nun konnte man es zu erkennen geben. Die Nennung des wahren Namens war ein Vertrauensbeweis. Jetzt, wo man wusste, dass Gott das Kind beim Namen ruft, sprach man ihn gerne laut und stolz aus. Eltern und Paten konnten die Frage nach dem Namen kaum erwarten.

Sehen Sie in diesem „Gespräch" an der Kirchentür bitte nicht nur ein veraltetes Stück Liturgie, das „abgearbeitet" wird! Verstehen Sie Ihre Antworten als aufrichtige Erklärung dafür, dass Sie Ihr Kind nicht nur aus bloßer Tradition zur Taufe bringen. Es ist gut, wenn Sie dieses auch mit Worten ausdrücken. Ihre Antworten auf die Fragen der Geistlichen können also auch so lauten:

- Wir möchten, dass unser Kind getauft wird. Wir haben darüber nachgedacht; ganz bewusst bringen wir unser Kind; wir freuen uns, dass wir es an Gottes Seite stellen können!
- Ja, uns ist bewusst, dass die Erziehung eine schwere Aufgabe ist, die wir nur mit Gottes Hilfe gut erfüllen können.

Unverständlich bleibt allerdings, warum die offiziellen katholischen Formulare hier vorsehen, dass die Eltern und Paten vom Geistlichen mit dem unpersönlichen „Sie" angesprochen werden. Paulus hat schon zu biblischen Zeiten eine sehr persönliche Sprache unter den Christen eingeführt. Seither duzen Geistliche in der gottesdienstlichen Ansprache ihre „Schäfchen" grundsätzlich. Ein solch christliches Du zu Menschen, die man eigentlich nicht kennt, hat sogar einen theologischen Namen: „Paulinisches Du". Es müsste also z.B. heißen: „Was erbittet *Ihr* von der Kirche?" Fragen Sie doch Ihre Geistlichen freundlich und mit ehrlichem Interesse, warum dieses „Paulinische Du" zunehmend verloren geht. Nicht anders ist das in der evangelischen Kirche.

Auf die Fragen der Geistlichen können noch andere Antworten gefunden werden. Anregungen und Formulierungen entnehmen Sie bitte dem Kapitel „Verpflichtung der Eltern und Paten" im 3. Hauptteil des Gottesdienstes (S. 66–68).

Einzug

Schon sehr früh entwickelte sich in der christlichen Kirche der Brauch, dass – nach der Vorbereitung in der Sakristei oder am Eingangstor – Priester und Mitwirkende in einem feierlichen Zug durch das Kirchenschiff zum Altar schritten. Wenn einzelne Personen oder ganze Gruppen eine besondere „Rolle" in einem Gottesdienst spielen, ziehen sie vielfach auch heute durch das ganze Kirchenschiff gemeinsam ein. Wir finden diese Praxis z.B. bei der Ordination oder Priesterweihe, bei Amtseinführungen, bei der Konfirmation und Erstkommunion, der Trauung und eben bei der Taufe. Falls Gäste schon im Kirchsaal sitzen, stehen diese nun auf, um den Einziehenden „Ehre zu erweisen".

Bei diesem Einzug werden die Taufkerze und das Taufkleid vorangetragen. Hat man sich ein Symbol ausgesucht, das sich als „roter Faden" durch die Tauffeier zieht, so kann auch dieses nun hereingetragen werden. Geschwister, andere Kinder oder die Paten tragen die Gegenstände sicherlich gern. Der Vater oder die Mutter trägt in der Regel das Kind. Die Taufgesellschaft zieht bis zu den reservierten Plätzen in den ersten Reihen. Hier bleiben zunächst alle stehen, bis das Zeichen zum Setzen gegeben wird.

Der Einzug betont die Besonderheit der Feier und hat eine liturgische Bedeutung: Diese „Prozession" in den Kirchsaal symbolisiert den Beginn des Glaubensweges und (bei Säuglingen) auch den Anfang des Lebensweges. Taufe ist „Eingang" in die kirchliche Gemeinschaft, dies wird ebenfalls ausgedrückt. Der Einzug ist also eine symbolische Handlung, eine Handlung, die mit einem tiefen Sinn verbunden ist. Taufgottesdienste werden oftmals als „Stationsgottesdienste" gefeiert, das heißt, man geht von Station zu Station. Der Einzug ist der Weg zur ersten Station, den vorderen Bänken; hier hört man Gottes Zuspruch und Anspruch. Später wird man weiter zum Taufbecken ziehen; hier verbündet sich Gott mit den Menschen. Am Altar, der nächsten Station, erhält man Gottes Segen, um schließlich so gestärkt hinaus ins Leben zu gehen.

Orgelvorspiel

Die Orgel eroberte sich seit der 2. Hälfte des 16. Jahrhundert zunehmend den Platz als gottesdienstliches Instrument. Seit dieser Zeit wurde es auch üblich, dass Gottesdienste mit einem Instrumentalstück eingeleitet werden. Es soll helfen, äußerlich und innerlich zur Ruhe zu kommen. Der Fachbegriff für dieses erste musikalische Stück ist „Präludium". In der evangelischen Kirchenmusik haben diese Musikstücke eine besondere Tradition. Bekannt sind die Präludien des Kirchenmusikers Johann Sebastian Bach. Begleitet das musikalische Vorspiel den Einzug der Taufgesellschaft, so dient es nicht der Besinnung, sondern ist „Prozessionsmusik", die diesem ersten Teil des Gottesdienstes einen feierlichen Charakter gibt.

Das stille Eingangsgebet

Ein Gebet, das man spricht, sobald man nach dem Einzug seinen Platz erreicht hat, hilft, sich nun auf den Gottesdienst einzustellen. Ein solches Vorbereitungsgebet kann mit dem Hinweis „Zu Beginn des Gottesdienstes bete man bitte still für sich" auf das Liedblatt gedruckt werden. Auf diese Weise werden alle Gäste angeregt, mit einem Gebet den Gottesdienst zu beginnen. So kann ein stilles Eingangsgebet lauten:

Großer Gott,
lange war ich dir nicht mehr so nahe.
Doch du warst bei mir und hast mich nie vergessen.
Heute sind wir mit unserem Kind hier.
Wir lieben es über alles und bitten dich, es zu beschützen.
Lass uns eine gute Gemeinschaft haben mit Menschen,
die sich an dieser Taufe und an deinem Segen erfreuen.
Amen.

Ein zweites Beispiel:

Allmächtiger Gott, du Gott des Friedens und der Liebe, ich bitte
dich, sei du mit deinem guten Geist jetzt bei uns; wisch bitte jetzt
alles weg, was die Freude über diese Feier beeinträchtigen könnte.
Befreie mich von überflüssiger Sorge;
schenke mir jetzt deinen Frieden.
Amen.

Freier Gruß und liturgische Grußformel

Haben alle Platz genommen, so folgt zumeist ein erstes Lied. Danach oder anstelle eines Liedes wird der Geistliche die anwesende Gemeinde mit freien Worten begrüßen.

Dies kann der Augenblick sein, an dem Sie als Vater oder Mutter eine kurze Begrüßung einfügen, falls dies noch nicht an der Kirchentür geschehen ist. Sprechen Sie mit den Geistlichen, ob es sinnvoll ist, dass Sie Ihr Kind nun vorstellen:

*Das ist unsere kleine Sarah, sie wird heute getauft.
Sie ist am 2. August auf die Welt gekommen.
Das war einer der schönsten Tage unseres Lebens.
Wir haben das Wunder der Liebe gespürt wie selten.
Wir freuen uns,
dass wir heute unser Glück öffentlich zeigen können.
Schön, dass so viele Menschen sich mit uns freuen
über dieses Geschenk Gottes.
Wir bitten Gott, dass er alles wegwischt,
was diese Freude irgendwie oder irgendwann trüben könnte.*

Nach einer freien Begrüßung spricht der Geistliche nun eine traditionelle liturgische Grußformel, die aus einem oder mehreren der folgenden Sätze besteht:

Geistlicher: „Im Namen des Vaters, des Sohnes und des Heiligen Geistes."
Gemeinde: „Amen!"
Geistlicher: „Der Herr sei mit euch."
Gemeinde: „Und mit deinem Geist."
Geistlicher: „Unsere Hilfe steht im Namen des Herrn."
Gemeinde: „Der Himmel und Erde gemacht hat."

Mit dem einleitenden Satz „Im Namen des Vaters und des Sohnes und des Heiligen Geistes" wird jeder christliche Gottesdienst eröffnet, nicht nur die Tauffeier. Er entstammt der Bibel. Im Matthäusevangelium (Kapitel 28,19) steht: „Darum gehet hin und machet zu Jüngern alle Völker: Taufet sie auf den Namen des Vaters und des Sohnes und des Heiligen Geistes." Dies ist der erste Teil des sogenannten Taufbefehls, den Jesus seinen Jüngern gibt. Zu Beginn eines jeden Gottesdienstes gesprochen, soll er an die eigene Taufe erinnern. Sie ist der Beginn unseres christlichen Lebens und der Grund unserer gottesdienstlichen Feier.

Auch der wechselseitige Gruß „Der Herr sei mit euch – und mit deinem Geist" gehört in jeden Gottesdienst. Da diese Begrüßung formelhaft und nicht mit freien Worten geschieht, heißt sie „Liturgischer Gruß". Diese Formel stammt aus der Bibel und ist nach ihrer biblischen Bedeutung weit mehr als nur ein Gruß. Es ist ein gegenseitiger Segenswunsch:

Der Geistliche segnet die Gemeinde („Der Herr sei mit euch"), und die Gemeinde segnet den Geistlichen („Und mit deinem Geist"). Dies zeigt, dass geistliche Personen nicht nur Segen spenden, sondern auch auf ihn angewiesen sind und ihn gerne empfangen. Geistliche und Gemeinde stellen sich mit dem liturgischen Gruß gleichberechtigt vor Gott und drücken ihre Verbundenheit aus.

Gebet

Dieses erste Gebet kann verschiedene Schwerpunkte haben. Es kann zum einen ein Rüstgebet sein. Da wir mit dem Gottesdienst Gott und den Mitmenschen näherkommen wollen, „rüsten" wir uns dazu, indem wir bedenken, was uns von Gott und den Mitmenschen trennt. Ein altes Wort für diese „Trennung" ist „Sünde". Dieses Gebet hat also auch den Namen „Sündenbekenntnis". Hier ein Beispiel:

Allmächtiger Gott,
dankbar treten wir vor dich,
dankbar für alles, was du uns gibst, dankbar für das Leben.
Wir bekennen, dass wir oft undankbar sind,
undankbar dir und unseren Mitmenschen gegenüber.
Mit Liebe in unseren Herzen treten wir vor dich,
mit Sehnsucht nach Liebe, die uns überfließt.
Wir bekennen dir, dass wir oft sehr lieblos sind,
lieblos dir und den Mitmenschen gegenüber.
So zittern wir oft selbst vor der Kälte unserer Herzen.
Mutlos und ängstlich sind wir oft, aufbrausend,
ohne Vertrauen in dich und die Mitmenschen.
Befreie du uns, vergib uns und stärke uns.
Sei du heute und alle Tage mit deinem Heiligen Geist bei uns.
Amen.

Bedrückende, belastende Lebenssituationen können im Rüstgebet genannt werden. Diese „Aussprache" befreit und öffnet für die gottesdienstliche Begegnung:

Großer Gott,
wir feiern diesen Gottesdienst als Freudenfest,
glücklich und dankbar treten wir vor dich.
Du kennst uns wie niemand sonst.
Du weißt, dass in manchen Herzen auch Sorge und Traurigkeit sind.
Wir bitten dich, halte du deine sanfte Hand über alle Wunden.
Lass uns geborgen sein in dir.
Lass uns in diesem Gottesdienst
eine Gemeinschaft mit dir und den Mitmenschen haben,
in der deine Liebe lebendig wird.
Wir taufen ein Kind;
du versprichst, bei ihm zu sein bis ans Ende aller Zeiten.
Lass uns in dieser Taufe erkennen,
dass du in gleicher Weise auch unseren Lebensweg begleitest.
Stärke uns und lass alle Getauften freudig bekennen:
Ich bin getauft, Gott ist bei mir!
Amen.

Dieses Gebet kann andererseits ein Tagesgebet oder ein Psalmgebet sein. In jedem Gemeindegottesdienst/jeder Messfeier gibt es ein Tagesgebet. Es fasst die Anliegen des jeweiligen Sonn- oder Feiertages kurz und bündig zusammen. So drückt es zu Weihnachten den Dank für die Geburt Jesu aus, zu Ostern die Freude über seine Auferstehung. Ist die Taufe ein Teil des Gemeindegottesdienstes, so ist der Inhalt dieses Gebetes durch den jeweiligen Sonntag vorgegeben. Bei einer gesonderten Tauffeier bezieht sich das Tagesgebet auf die Taufe. Dieses Beispiel, ein Text aus dem katholischen Kirchengesangbuch „Gotteslob", wurde von Rosemarie Harbert formuliert:

Ein kleines Kind, du großer Gott, kommt in dein Haus.
Herr, nimm es auf bei dir.
Es braucht die Kraft, du großer Gott, um weit zu gehn.
Herr, nimm es auf bei dir.
Es braucht das Licht, du großer Gott, um dich zu finden.
Wir alle hier, du großer Gott, wir brauchen dich.
Herr, nimm uns auf bei dir.
Amen.

Hier im ersten Teil des Gottesdienstes kann auch ein Psalmtext stehen. Psalmen sind uralte Lieder des jüdischen Volkes, zumeist von König David getextet. Seit jeher werden sie zu Beginn der christlichen Gottesdienste (früher direkt zum feierlichen Einzug) gesungen oder gebetet. Verschiedene Psalmen sind Ausdruck unterschiedlicher Lebenssituationen, sodass man unter den 150 Psalmen für jedes Anliegen einen Gebetstext findet. Viele Psalmen drücken Lob, Dank, Klage, Glaubensbekenntnis und Sündenbekenntnis gleichermaßen aus. Die Menschen finden sich mit ihren Anliegen in einem Psalmtext wieder. Die Psalmen des Alten Testaments gibt es in verschiedenen Übersetzungen und Nachdichtungen. Sollten Sie sich dafür interessieren, so fragen Sie Ihre Geistlichen oder in der Bibliothek nach entsprechenden Veröffentlichungen. Hier ein Beispiel, von mir nach Psalm 27 formuliert:

Gott ist unser Licht und unser Heil;
vor wem sollten wir uns fürchten?
Gott ist unseres Lebens Kraft; wovor sollte uns grauen?
Bei ihm sind wir sicher wie in einer Burg,
daher bringen wir unsere Kinder zu ihm
und blicken getrost in die Zukunft.
Um eines bitten wir unseren Gott, dies ist unser Herzenswunsch:
dass wir in seinem Hause wohnen dürfen alle Tage unseres Lebens,
dass er bei uns wohnt bis ans Ende aller Zeit.
Vernimm, o Gott, unser Rufen und sei uns gnädig.
Dein Angesicht wollen wir suchen,
verbirg es nicht vor uns, weise uns nicht ab;
du bist unsere Hilfe jederzeit, verlass uns nie, du bist unser Heil.
Wenn auch Vater und Mutter einst ihr Kind verlassen müssen,
wenn Menschen auseinandergehen,
bleibst du da und nimmst uns auf.
Weise du uns den Weg, leite uns auf ebener Bahn.
Wir hoffen auf dich, unseren Gott,
und gehen unseren Weg getrost und unverzagt.
Amen.

Lied (erstes Lied)

Ein erstes Lied wurde schon ganz zu Beginn gesungen oder es beschließt nun den ersten Hauptteil des Gottesdienstes. In jedem Fall muss das erste Lied mit besonderer Sorgfalt ausgewählt werden. Denn die Menschen sind noch in der „Eingangssituation"; jetzt gilt es, Unsicherheiten abzubauen. Dies gelingt mit einem Lied, das bekannt ist oder zumindest eine einfache Melodie hat. Ein Lied, das nur wenige mitsingen können, schafft Unsicherheit und verdirbt die Atmosphäre, die durch freudige Erwartung geprägt ist.

Zudem soll dieses erste Lied die verschiedenen Menschen zu einer Gemeinschaft verbinden. Sie sollen spüren: „Hier sitzt nicht jeder für sich; wir sind versammelt und gesammelt im Namen Christi, wir sind eine Gemeinschaft." Diesen verbindenden Sinn heben sogenannte „Wir-Lieder" besonders hervor (die Hinweise in Klammern sind im Kapitel „Lieder im Gottesdienst", S. 28–30, erklärt):

- Liebster Jesu, *wir* sind hier (GL 520/EG 161/mit Tauftext: EG 206)
- *Unser* Leben sei ein Fest (in verschiedenen GL- und EG-Anhängen)
- Großer Gott, *wir* loben dich (GL 257/EG 331)
- Komm her, freu dich mit *uns* (GL 519)
- Komm, Schöpfer Geist, kehr bei *uns* ein (GL 245)
- Komm, Herr, segne *uns* (EG 170/in GL-Anhängen)

Doch auch die folgenden Lieder können hier gesungen werden, denn sie fördern textlich die Gemeinschaft:

- Nun danket all und bringet Ehr (GL 267/EG 322)
- Das ist der Tag, den Gott gemacht (GL 220)
- Komm, Heiliger Geist, der Leben schafft (GL 241)
- Kommt herbei, singt dem Herrn (GL 270/in EG-Anhängen)
- Nun jauchzt dem Herren, alle Welt (GL 474/EG 288)

Oftmals sind bei Tauffeiern Kinder anwesend, die aus dem Kindergarten oder der Schule Lieder kennen. Achten Sie bei der Liedauswahl darauf. Fragen Sie die Kinder nach ihren Lieblingsliedern. Kinder werden bei Gottesdienstplanungen leider oft zu wenig berücksichtigt:

- Danke für diesen guten Morgen (EG 334/modernes Liedgut)
- Heut ist ein Tag, an dem ich singen kann (modernes Liedgut)
- Wir singen vor Freude, das Fest beginnt (modernes Liedgut)
- Kommt alle her, halihalo (modernes Liedgut)
- Du hast uns, Herr, gerufen (GL 505/EG 168, Verse 1–3)

Die Gemeinschaft wird gefördert, wenn ein neues, leicht zu erlernendes Lied unter fachlicher Leitung eingeübt wird. Wenn der Kirchenmusiker bzw. die Kirchenmusikerin bereit ist, diese Aufgabe zu übernehmen, so kann unter dieser Leitung auch ein Kanon gesungen werden. Daran können sich aufgrund der einfachen, kurzen Texte auch Kindergarten- und Grundschulkinder beteiligen:

- Wo zwei oder drei (in GL- und EG-Anhängen)
- Lasst uns miteinander (in GL- und EG-Anhängen)
- Ausgang und Eingang (EG 175, auch in der kath. Kirche bekannt)
- Der Himmel geht über allen auf (in GL- und EG-Anhängen)
- Lobet und preiset ihr Völker den Herrn (GL 282/EG-Anhänge)

Es bietet sich an, das Lied, das hier für den Anfang ausgesucht wurde, auch am Schluss zu singen. Dann hat man die Feier mit ein und demselben Lied eingerahmt. Dafür eignen sich alle Lieder, die man besonders gern singt und die nicht ausgesprochene Eingangslieder sind. Der Kanon „Ausgang und Eingang" ist direkt dazu geschaffen. Vom Lied „Du hast uns, Herr, gerufen" kann man zu Beginn die Verse 1–3 singen und zum Schluss die Verse 4–6. Im Evangelischen Gesangbuch stehen alle sechs Verse unter der Nummer 168; im Gotteslob sind die drei Schlussverse unter der Nummer 514 zu finden: „Wenn wir jetzt weiter gehen". Dieses Lied hat eine zusätzliche angenehme Besonderheit, durch die Gemeinschaft aufgebaut und das Singen erleichtert wird: Da die einzelnen Sätze immer zweimal gesungen werden, bietet es sich an, dass z.B. Erwachsene vor- und Kinder nachsingen. Eine andere Möglichkeit ist, dass eine Person vorsingt und alle anderen die Sätze wiederholen.

Verkündigung / Wortgottesdienst (2. Hauptteil)

Im ersten Hauptteil „Eröffnung und Anrufung" haben wir uns begrüßt, eine Gemeinschaft gebildet und uns mit unseren gemeinsamen Anliegen an Gott gewandt. Nun, im zweiten Hauptteil, werden wir die Antwort Gottes auf unsere menschlichen Fragen, Hoffnungen und Ängste hören. In der evangelischen Kirche heißt der zweite Hauptteil eines jeden Gottesdienstes „Verkündigung"; in der katholischen Kirche steht dafür der Begriff „Wortgottesdienst". Beide Bezeichnungen beschreiben sehr gut, was das Anliegen dieses Abschnittes ist: Gottes „Frohe Botschaft" wird „verkündet". Biblische „Worte" stehen im Mittelpunkt.

Außerbiblische Lesung

Die Liebe Gottes zu den Menschen wird in erster Linie durch biblische Texte verkündet. Doch auch eine Lesung, die nicht der Bibel entnommen ist, kann diese Frohe Botschaft verdeutlichen. Wird Ihr Kind in einem Gemeindegottesdienst bzw. einer Gemeindemesse getauft, wo mehrere biblische Lesungen üblich sind, erübrigt sich vielleicht ein solch außerbiblischer Text. Doch in einem gesonderten Taufgottesdienst hat er sicherlich seinen Platz.

Solche Textstellen findet man in Gedichten, Legenden und in verschiedenen Kapiteln der Weltliteratur. Nicht jeder Text eignet sich. Er sollte in irgendeiner Weise die Frohe Botschaft von der Liebe Gottes wiedergeben. Diesen Anspruch erfüllt er, wenn er vom Verhältnis Gottes zu den Menschen und insbesondere zu den Kindern handelt, wenn er unsere Liebe zu den Kindern aufzeigt und die Verantwortung, die wir ihnen und der Welt gegenüber haben, wenn er Dankbarkeit ausdrückt und hoffnungsvoll in die Zukunft blicken lässt. Prüfen Sie Ihre Lieblingsliteratur nach entsprechenden Textstellen. Haben Sie keine Scheu, diese vorzuschlagen. Einige Möglichkeiten finden Sie in den folgenden Abschnitten und im Anhang dieses Buches. Beantworten Sie sich selbst die Frage, warum der von Ihnen ausgesuchte Text Sie anspricht. Reden Sie mit Freunden und Verwandten darüber und erläutern Sie den Geistlichen Ihre Gedanken während des Taufgesprächs.

Ein derart persönlicher Text sollte natürlich auch persönlich vorgetragen werden, von Ihnen als Vater, Mutter, Pate oder Patin. Doch auch andere Personen aus dem Familien- bzw. Freundeskreis können sich hier einbringen. Schlagen Sie diese Idee frühzeitig vor. Übernimmt jemand die Auswahl und den Vortrag eines Textes, so müssen die Eltern des Täuflings dies nicht vorher wissen; es kann eine Überraschung werden. Mit den Geistlichen muss solch Vorhaben natürlich abgesprochen sein. Wenn dann noch jemand den Text auf besonderes Papier schreibt bzw. schön formatiert ausdruckt, kann dies ein Geschenk sein, das die Eltern gern ins Erinnerungsbuch kleben oder gerahmt ins Kinderzimmer hängen.

Es fördert die Aufmerksamkeit der Zuhörer, wenn vor der Lesung mit kurzen Worten erklärt wird, was der Text aussagt und warum er ausgesucht wurde. Eine solche „Einleitung" macht neugierig und zeigt: Dieser Text ist nicht zufällig. Er hat eine Bedeutung für die Person, die ihn vorträgt, und sie wünscht sich, dass er auch für mich bedeutsam wird.

Was können wir tun, dass unser Kind glücklich wird? Diese Frage beschäftigt Eltern seit jeher. Auch ihr werdet das oft fragen. Kluge Menschen werden euch antworten: „Es gibt kein Patentrezept!" Der Theologe und Pädagoge Frank Maibaum hat diese kleine Geschichte erzählt; vielleicht hilft sie euch, selbst eine Antwort zu finden:

Rat suchende Menschen kamen täglich zu dem alten Mönch, der sich oben im Kloster geduldig die Sorgen der Menschen anhörte. Seltsame Antworten gab er auf ihre Fragen und niemals einen konkreten Rat. Dennoch kamen sie immer wieder, manche von weit her. „Was kann ich tun, dass mein Kind glücklich wird?", rief eine Mutter ihm zu. „Gibt es das Geheimnis glücklicher Kinder?", ergänzte ein Vater. Selten war die Unruhe so groß wie bei diesen Fragen. „Hört", rief der Mönch, „hört das Klatschen meiner Hände!" Mit lautem Schall schlug er seine Handflächen zusammen. „Und nun", rief er, „nun hört das Klatschen dieser Hand!" Er hob eine Hand. Es blieb still, und alle lauschten gespannt. „Wenn du ein Kind hast", flüsterte er in die Stille, „wird es glücklich werden, wenn du jedoch keines hast, wirst du es verlieren und Traurigkeit wird einziehen in dein Haus. Das ist das Geheimnis!" Leise wiederholte eine Frau diese Sätze, um zu verstehen: „Wenn ich ein Kind habe, wird es glücklich sein, wenn ich keines habe, werde ich es verlieren und Traurigkeit wird einziehen in mein Haus." Es dauerte eine Weile, bis eine Frau in die Stil-

le sagte: „Als ich gestern mit meinem Kind auf dem Fußboden lag und wir gemeinsam träumten, spürte ich so intensiv wie selten, dass ich ein Kind habe; wir waren uns so nah." – „Wenn wir gemeinsam den Sonnenuntergang betrachten", sagte ein Vater, „wenn ich am Abend an seinem Bett sitze und wir auf den Tag zurückblicken", ergänzte ein zweiter, „wenn ich mit ihm lache oder wenn ich den Grund seiner Traurigkeit verstehe und es fest an mich drücke", fügte eine Mutter hinzu, „immer dann weiß ich, dass ich ein Kind habe." – „Immer dann", sagte ein Vater nachdenklich, „wenn ich keine Zeit habe, seine Erfolge mit ihm zu feiern, seine Sorgen zu hören, seine Begeisterung zu teilen, immer dann merke ich, dass mir mein Kind mehr und mehr verloren geht."
Noch lange wurde an diesem Tag miteinander geredet.

Ein weiteres Beispiel habe ich dem Buch „Der Kleine Prinz" entnommen (es ist erschienen im Karl Rauch Verlag, Düsseldorf). Ich erzähle dieses Kapitel frei nach, da der Originaltext einige Seiten umfasst. Zunächst wieder eine Einleitung:

Vater und Mutter zu sein bedeutet, Verantwortung zu tragen. Pate und Patin zu sein bedeutet, die Eltern mit dieser Verantwortung nicht allein zu lassen. Wir alle, die wir heute hier feiern, sind mitverantwortlich für das Wohl der Kinder, die wir Gott ans Herz legen. Es gibt eine Geschichte, die in besonders schöner Weise zeigt, was es heißt, Verantwortung für einen anderen Menschen zu übernehmen. Sie steht im Buch „Der Kleine Prinz". Der weltbekannte französische Autor Antoine de Saint Exupéry, der 1944 mit seinem Flugzeug in der Sahara verschollen ist, hat es geschrieben. Vielleicht kann uns diese kleine Geschichte helfen, das Geheimnis von Liebe und Verantwortung immer wieder neu zu entdecken. Ich lese eine gekürzte Nacherzählung.

Es war einmal ein kleiner Prinz auf einem fernen Planeten. Dieser Planet war sehr klein, nicht größer als unsere Kirche. Der kleine Prinz lebte dort allein. Na ja, nicht ganz allein, denn dort wuchs eine Rose, eine einzige Rose, mehr nicht. Der Prinz liebte seine Rose über alles. Wenn sie traurig war, tröstete er sie, wenn der Wind gegen die Blüte blies, umschloss er sie mit seinen Händen, wenn eine Raupe an den Blättern nagen wollte, stülpte er ein schützendes Glas über sie. Eines Tages musste der Prinz seine Rose für kurze Zeit allein lassen, denn er flog hier zur Erde. Er landete mitten in einem Rosenfeld. Er sah die vielen Rosen und wurde sehr traurig. „Ich dachte, es gäbe nur eine Rose im ganzen Uni-

versum", sagte er, „meine Rose. Ich dachte, sie sei etwas Besonderes. Doch es gibt so viele, und sie sind alle gleich schön. Ich weiß nun gar nicht mehr, warum ich meine Rose liebe." In diesem Moment erschien ein Fuchs. „Wer bist du?", fragte der kleine Prinz. „Ich bin ein Fuchs", sagte der Fuchs. „Komm, spiel mit mir", schlug der kleine Prinz vor. „Ich kann nicht mit dir spielen", sagte der Fuchs, „ich bin noch nicht gezähmt! Zähmen bedeutet, sich vertraut zu machen. Noch bin ich für dich nur irgendein Fuchs, doch wenn du mich zähmst, bin ich einzigartig für dich." Also machte sich der kleine Prinz mit dem Fuchs vertraut. Sie blieben einige Zeit zusammen. Als die Zeit des Abschieds kam, sagte der Fuchs: „Geh die Rosen wieder anschauen. Du wirst begreifen, dass deine die einzige ist." Der kleine Prinz ging, die Rosen wiederzusehen. „Ihr seid gar nicht wie meine Rose", sagte er zu ihnen. „Ihr seid, wie mein Fuchs war. Er war nur ein Fuchs wie hunderttausend andere. Aber ich habe ihn zu meinem Freund gemacht, und jetzt ist er der einzige in der Welt. Ihr seid schön, aber ihr seid leer", sagte er noch. „Meine Rose habe ich begossen. Ich habe sie unter den Glassturz gestellt, sie beschützt, sie von Raupen befreit. Ich habe sie klagen und rühmen gehört und manchmal schweigen. Das ist meine Rose." Er kam zum Fuchs zurück. „Nun wirst du das Geheimnis verstehen", sagte der Fuchs, „das ich dir mitgebe; es ist ganz einfach: Man sieht nur mit dem Herzen gut; alles Wesentliche ist für das Auge unsichtbar." Der kleine Prinz wiederholte, um es sich zu merken: „Alles Wesentliche ist für das Auge unsichtbar." – „Und noch etwas; die Menschen haben diese Wahrheit vergessen, aber du darfst nie vergessen: Du bist zeitlebens für das verantwortlich, was du dir vertraut gemacht hast. Du bist für deine Rose verantwortlich." – „Ich bin für meine Rose verantwortlich", wiederholte der Prinz, um es sich zu merken.

Gedichte oder andere meditative Texte eignen sich hier ebenso. Entscheiden Sie sich für meinen folgenden „Abrahamtext", so bietet sich als dazugehörige biblische Lesung ein Abschnitt aus der Abrahamgeschichte des Alten Testaments an. Auf Seite 107 finden Sie dazu einen Vorschlag.

> Du bist auf den Weg geschickt.
> Wie Abraham vor vielen tausend Jahren, so geh auch du.

> Wie Abraham vor vielen tausend Jahren,
> hast du nicht mehr als den Ruf deines Gottes, nicht mehr

*als die göttliche Kraft, als seine kräftige Hand, nicht mehr
als eine Hand, die dich segnet, als den Segen deines Gottes.
So geh auch du in eine Zukunft, die du nicht kennst.
Wie Abraham vor vielen tausend Jahren, wirst du oft
sehnsüchtig zum Himmel schauen, wirst du oft
fragen nach dem Weg, weglos stolpern wirst du oft.
Stolpernd suchen, suchend zweifeln wirst du oft,
verzweifelt schreien, wann sie Wirklichkeit wird, die Verheißung,
wann die verheißene Zukunft greifbar wird,
es sich erfüllt, das Versprechen.
Wo die versprochenen Engel bleiben, wirst du fragen.*

*So gehst du deinen Weg. Wie Abraham vor vielen tausend Jahren,
hast du nicht weniger als Gottes reichen Segen.*

Die folgenden Verse lassen sich gut mit der neutestamentlichen Geschichte der Kindersegnung in Verbindung bringen. Sie steht im Markusevangelium 10,13–16 (siehe Kapitel „Biblische Lesung", S. 53–55):

Wenn ihr nicht werdet wie die Kinder.

*Wie schwer es doch ist, bei der rasanten Fahrt dieser Welt
einen freundlichen Blick zu werfen und zu erhaschen,
eine Hand zu reichen und zu greifen,
ein gutes Wort zuzurufen und zu hören.*

*Ich sehe in Gedanken das Kettenkarussell vor mir,
in dem ich als Kind so gerne meine Kreise zog.
Wir versuchten, uns etwas zuzurufen
oder gar die Hand einer Freundin zu fassen,
die neben uns flog, oft vergeblich.*

*Schneller als jedes Karussell bewegt sich diese Welt.
In der nächsten Sekunde sind wir mit ihr
schon 30 Kilometer weiter auf ihrer Bahn.
Können wir da Halt bewahren, Orientierung halten,
wahrhaft leben?*

Wenn ihr nicht werdet wie die Kinder.

*Als Kind, auf dem Karussell haben wir Übung darin bekommen,
die Bewegung in Gedanken zu verlangsamen.
Bei rasender Geschwindigkeit haben sich unsere Blicke getroffen,
unsere Hände erreicht, als ständen wir still.*

*Wie ein Karussell ist diese Welt, immer schneller rast die Zeit.
Und doch kann man es schaffen, sich Blicke zuzuwerfen,
Hände zu reichen, Worte zu sagen,
die Zeit anzuhalten, die Welt stillstehen zu lassen.
Der Ruf, ich liebe dich, kann doch gelingen.*

*Wir haben alles das geübt, bei einer Geschwindigkeit,
die uns Angst und Freude machte,
weil wir noch Kinder waren.*

(Nach: „Geschwindigkeit verlangsamen", in: Frank Maibaum, Das Zeitbuch, Kiel 1999)

Der nächste Text ist ebenfalls meiner Veröffentlichung zur Jahrhundert- und Jahrtausendwende, „Das Zeitbuch", entnommen. Seine Aussage „Gottes Liebe ist stärker als alles Böse zusammen" passt zu biblischen Texten wie Hohelied 8,7 („Auch mächtige Wasser können die Liebe nicht löschen; auch Ströme schwemmen sie nicht weg."), Römer 8,28 („Alle Dinge führen zum Guten bei denen, die Gott lieben."), Römer 12,9 („Verabscheut das Böse, haltet fest am Guten."), Epheser 5,8–9 („Lebt als Kinder des Lichts, das Licht bringt Güte, Gerechtigkeit und Wahrheit hervor."), 1. Johannes 4,16 („Gott ist Liebe, und wer in der Liebe bleibt, der bleibt in Gott und Gott in ihm."):

In welche Zukunft wirst du gehen, Menschenkind?

*Wie viele Militärstiefel werden donnern?
Wie viele Heilrufe wird man grölen?
Wie viele Wände werden durch Zeichen des Hasses verunstaltet?
Wie viele Jacken werden Embleme der Dummheit tragen?
Wie viel Menschenverachtung wird herrschen?*

In welche Zukunft wirst du gehen, Menschenkind?

*Wie viele Menschen werden glauben,
dass das Böse stärker ist als alles Gute zusammen?
Wie viele Machtgebärden wird man sehen?
Wie viele Fäuste wird man erheben?
Wie viele Rausrufe werden erschallen?
Wie viel Hass wird wachsen?
Wie viel Verachtung wird man spüren?*

*Das wird daran liegen,
wie viel Zeit wir uns nehmen,
zu beweisen, dass Liebe stärker ist,
stärker als alles Böse zusammen.*

In welche Zukunft wird du gehen, Menschenkind?

(Nach: „Banger Blick nach vorn", in: Frank Maibaum, Das Zeitbuch, Kiel 1999)

Letztes Beispiel für eine nichtbiblische Lesung ist ein Zuspruch der Nähe Gottes. Trägt ihn jemand aus der Taufgesellschaft vor, sollte dabei nicht nur das zu taufende Kind angesehen werden. Wie auch die anderen Texte dieses Kapitels gilt er der gesamten gottesdienstlichen Gemeinschaft:

*Wohin dein Lebensweg dich auch führen wird, einer ist längst da;
er ist diesseits und jenseits
aller Mauern und aller Grenzen, aller Längen- und Breitengrade.*

*Wie immer wir die Welt aufteilen, er ist in jedem Teil;
er ist im Norden und im Süden, im Osten und im Westen,
er ist im Sonnenschein und in der Nacht.*

*Er ist mit dir im tiefsten Schnee, im stärksten Regen,
auf den Weiten des Meeres, auf dem höchsten Berg,
überall ist er mit dir.*

*Er selbst ist der Tag, er ist die Nacht, kein Datum hält ihn auf,
mit ihm springst du über alle Grenzen,*

durchschreitest alle Täler, überschreitest alle Höhen.
Er ist bei dir bis ans Ende aller Zeiten.
Er, dein Gott. (weitere Textvorschläge im Anhang dieses Buches, S. 92–111)

Biblische Lesung

Soweit wir Gottesdienste zurückverfolgen können, haben Christen die Lesungen biblischer Texte nicht allein den Geistlichen überlassen. Menschen aus der Gemeinde haben sich stets beteiligt. Lediglich das Verlesen des Evangeliums war lange Zeit, und ist es zum Teil heute noch, allein den Geistlichen erlaubt. Die verschiedenen biblischen Texte entstammen dem Alten Testament bzw. den Briefen des Neuen Testaments oder den Evangelien. Das Neue Testament enthält vier Evangelien: nach Matthäus, Markus, Lukas und Johannes. In der kirchlichen Tradition heißen Gemeindemitglieder, die biblische Texte lesen, „Lektoren". Das ist Lateinisch und heißt nichts anderes als „Leser". Sie spielen in der kirchlichen Tradition eine wichtige Rolle. Lassen Sie diese Tradition nicht einschlafen. Machen Sie sich frühzeitig auf die Suche nach Lektoren bzw. Lektorinnen aus Ihrem Familien- bzw. Freundeskreis.

Lektoren sollten ihren Text frühzeitig erhalten, von Ihnen oder den Geistlichen. Vielleicht wählen Lektoren den Text selbst aus. Er soll natürlich nicht auswendig gelernt werden. Eine Lesung ist kein freier Vortrag. Man blickt dabei aufs Blatt, sonst hieße es ja nicht „Lesung". Ich betone dies, weil ich immer wieder Lektoren erlebe, die an sich selbst den Anspruch stellen, beim Lesen die Gemeinde anzublicken und einige Abschnitte gar auswendig zu sprechen. Das soll nicht sein; aber laut und sicher soll der Text abgelesen werden. Das übt man vorher daheim oder im Kirchsaal. Es erleichtert das Zuhören, wenn in jedem Satzabschnitt ein Wort betont wird; es hilft dem Lektor, wenn er sich dieses Wort vorher unterstreicht. So bekommen die Sätze Dynamik und „rauschen" nicht einfach dahin.

Biblische Texte sind oftmals schwer zu verstehen. Nur wenn man sicherstellt, dass der größte Teil der Gäste einen Zugang zum Text bekommt, hat die Lesung einen Sinn. Wenn viele Kinder anwesend sind, sollte daher eine moderne, einfache Übersetzung oder eine Nacherzählung gewählt werden, wie man sie in Kinderbibeln findet.

Schwierige Texte können durch erklärende Sätze eingeleitet oder abgeschlossen werden. Bitten Sie gegebenenfalls die Geistlichen, Lesungstexte mit erklärenden Worten zu versehen.

Hier als Beispiel in nacherzählender Form die „Mosegeschichte":

Ich lese eine Geschichte, die ganz vorn in der Bibel steht. Da wird ein Kind aus dem Wasser gezogen. Gott begleitet es dann ein Leben lang. Ebenso wird Gott unser Kind beschützen, das durch die Taufe auch ein „ausdemwassergezogenes" Kind ist.

Viele Tausend Jahre ist es her, da wohnten Menschen in Ägypten, deren Vorfahren aus einem fernen Land hinzugezogen waren. Dies war das Volk der Israeliten. In Ägypten lebten sie friedlich mit den Ägyptern. Jahrhunderte vorher hatte man sie willkommen geheißen und sich über ihre Anwesenheit gefreut. Doch der jetzige König, der Pharao von Ägypten, wusste nichts mehr davon. Misstrauisch blickte er auf die Israeliten. Er sorgte dafür, dass man sie wie Sklaven behandelte und sie die schwersten Arbeiten erledigen mussten. Schließlich befahl er sogar, dass jeder neugeborene Junge des israelitischen Volkes in den großen Fluss, in den Nil geworfen wird. Verzweifelt waren die Familien, als man ihnen die Kinder wegnahm. Da wurde einem Mädchen ein Brüderchen geboren. Die Mutter, der Vater und die Schwester hatten eine wunderbare Idee, den kleinen Jungen zu retten. Aus Schilfrohr flochten sie einen Korb. In diesen Korb legten sie das Baby und setzen den Korb auf das Wasser des Nils. Wenn jemand dieses Kind findet, dachten sie, wird er es retten. Auf dem Wasser schaukelte der Korb mit dem kleinen Jungen hin und her. Wie jeden Tag kam auch an diesem die Tochter des Pharaos mit ihren Freundinnen an den Nil, um zu baden. Sie sah den Korb und entdeckte den kleinen, schreienden Jungen. Sie wurde von Mitleid und Liebe zu diesem hilflosen Kind ergriffen. Sie fand auch gleich einen Namen: Mose. In ihrer Sprache bedeutete dieser Name: der Ausdemwassergezogene. Während die Tochter des Pharaos und ihre Freundinnen sich noch freuten, schwärmten und aufgeregt „Mose! Mose!" riefen, kam wie zufällig seine Schwester Mirjam daher, die sich in der Nähe verborgen gehalten hatte. „Welch ein schönes Kind, das du gefunden hast, ehrwürdige Tochter des Königs!", staunte sie. „Du möchtest sicherlich etwas Gutes für diesen Jungen tun. Doch du bist selbst zu jung, um ihn großzuziehen. Ich kenne eine israelitische Frau, die hat selbst kein Kind und würde sich si-

cherlich gerne um deinen Jungen kümmern." Mirjam *holte schnell ihre eigene Mutter, die Mutter ihres Brüderchens Mose. „Ich vertraue dir Mose an", sagte die Tochter des Pharao. „Kümmere dich gut um ihn. Ich werde dafür sorgen, dass ihm nichts geschieht. Ich fühle für ihn, als ob er mein eigenes Kind wäre; ich habe ihn doch aus dem Wasser gezogen." Glücklich waren sie, Vater, Mutter, die Schwester und die Tochter des Pharao. Jeder von ihnen hatte sehr viel für das Wohl des kleinen Mose getan, doch am meisten Gott. Er hatte seine Hand schützend über das Kind gehalten, den man nun den „Ausdemwassergezogenen" nannte. Er begleitete Mose durch alle Höhen und Tiefen seines Lebens. Er zog ihn immer wieder aus allen Gefahren.*

Das „Kinderevangelium", wie es im Evangelium des Markus im 10. Kapitel steht, kann so nacherzählt werden:

Jesus zog von Ort zu Ort, um Geschichten zu erzählen, um Menschen zu trösten und auch zu heilen. Wo er sich auch aufhielt, im Nu waren viele Menschen um ihn versammelt. So kamen eines Tages auch einige Mütter und Väter mit ihren Kindern zu ihm. Sie wollten gern, dass Jesus ihre Kinder berührt und ihnen segnend die Hände auflegt. Die Jünger, die Jesus begleiteten, wollten aber nicht, dass ihr „Meister", wie sie ihn nannten, gestört würde. Sie ärgerten sich über die Kinder. Schroff schimpften sie mit den Müttern und Vätern und wollten die Kinder fortschicken. Als Jesus dieses sah, wurde er ärgerlich. „Lasst die Kinder zu mir kommen, hindert sie nicht daran! Menschen wie ihnen gehört das Reich Gottes!", rief er und fügte ein energisches „Amen" hinzu. „Das sage ich euch", rief er: „Wer das Reich Gottes nicht annimmt wie ein Kind, wird nicht hineinkommen!" Dann wandte er sich den Kindern zu. Er schloss sie in seine Arme, legte die Hände auf ihren Kopf und segnete sie.

Weitere Vorschläge für die Lesung finden Sie im Anhang.

Bei Taufen innerhalb von Familien- bzw. Kindergottesdiensten bietet sich statt einer Lesung eine Erzählung an. Dabei wird dann nicht abgelesen; die biblische Geschichte wird mit passender Gestik und Mimik und Blick auf die Zuhörerschaft frei vorgetragen. Gibt es in Ihrer Gästeschar Menschen, die entsprechende Fähigkeiten haben? Dann sollten Sie diese Möglichkeit nicht unbeachtet lassen.

Predigt

Die ersten Predigten nach Jesu Tod wurden von den Aposteln gehalten (oder aufgeschrieben). Daraus entstand das Neue Testament. Immer wieder neu müssen die biblischen Aussagen in die jeweilige Zeit übertragen werden. Das ist Aufgabe der Predigt. Gute Prediger nehmen dabei auch Bezug zur augenblicklichen Situation der Zuhörer. So gelingt es, die eigenen Hoffnungen, Befürchtungen, Wünsche, den Dank oder die Traurigkeit im Licht der biblischen Texte zu sehen.

Die vorher gelesenen Texte (und oftmals auch der Taufspruch) sowie die aktuelle Taufsituation werden also Inhalt der Predigt sein. Erklären Sie im Taufgespräch, warum Sie die biblischen und nichtbiblischen Texte ausgesucht haben. Entfalten Sie Ihre Ideen zum Taufspruch. Je mehr Sie den Geistlichen erzählen (auch von Ihren Gefühlen), desto passender und persönlicher können sie die Predigt abfassen.

Geistliche mit praktischer Erfahrung passen ihr Predigtverhalten auch während des Gottesdienstes der Zuhörerschaft an. Herrscht große Unruhe, so wird die Predigt sicherlich sehr kurz ausfallen. Werden viele Kinder da sein, so wird die Predigt erzählenden Charakter haben. Oftmals meinen Gottesdienstbesucher, die Predigt sei der wichtigste Teil eines Gottesdienstes. Das ist nicht der Fall. Die einzelnen Elemente der gesamten Feier (die Symbole, die Texte, die Lieder und die Taufzeremonie selbst) enthalten so viel Aussagekraft, dass auf eine Predigt sogar verzichtet werden kann, auf eine lange jedenfalls.

Üblicherweise halten die Geistlichen die Predigt allein. Doch sie können auch diesem Teil noch eine „besondere Note" geben. Wurde vorher ein Bibelvers (z.B. der Taufspruch) groß auf ein Plakat oder Laken geschrieben, so wird dieses jetzt an die Wand, an den Altar oder an die Kanzel gehängt. Wenn der Prediger auf das ausgesuchte Symbol eingeht, so wird dieses in ähnlicher Weise dargestellt. Vielleicht kann jeder Teilnehmer ein Exemplar des Symbols oder ein Kärtchen mit einer Bibelstelle in der Hand halten, während darüber gesprochen wird.

Es lockert die Predigt auf, wenn von einer anderen Person (z.B. einem Kind) mitten in die Predigt hinein der biblische Spruch oder das Zitat vorgelesen wird, über das der Prediger spricht.

Fürbitten

Fürbitten sind, wie der Name sagt, Bitten für Menschen, die uns besonders am Herzen liegen. Bei der Taufe denkt man in erster Linie an das Kind. Von hier zieht man Kreise: Für die Eltern, Geschwister, Großeltern beten wir, für die Stadt, das Land.

Die Fürbitten stehen bei katholischen Taufen an dieser Stelle, bei evangelischen Taufen erst am Ende, vor dem abschließenden Segen. Noch eine weitere Besonderheit gibt es in der katholischen Kirche: Hier beginnen diese Tauffürbitten mit einer „Anrufung der Heiligen". Für die evangelische Kirche hat Martin Luther die Heiligen nicht abgeschafft. Er wehrte sich lediglich dagegen, dass ihre Bedeutung zu groß wurde und die Anbetung Gottes dabei zu klein. Die beiden Konfessionen sind sich (mittlerweile) in diesem Punkt sehr einig. Ob evangelisch oder katholisch, folgende Anregung kann also für beide gelten:

Beschäftigen Sie sich mit dem Namen Ihres Kindes. Er hat eine Bedeutung und es gibt einen Namenspatron. Jedem Kind und jedem Namen lässt sich ein Schutzheiliger zuordnen; finden Sie ihn. Wenn Sie in einem Lexikon der Namen oder der Heiligen keinen Erfolg haben, bitten Sie die Geistlichen um Hilfe. Welche guten Eigenschaften werden diesem Patron zugesprochen? Welche besonderen Merkmale haben andere bedeutende Menschen der Christenheit, mit denen Ihr Kind den Namen teilt? Dies müssen nicht nur erklärte Heilige sein. Bitten Sie darum, dass etwas von der Kraft dieser Menschen auch zu Ihrem Kind kommt. Haben Sie solche Gedanken erst einmal im Gebet festgehalten, dann vergessen Sie später nicht so leicht, Ihrem Liebling von den Menschen zu erzählen, mit denen er den Namen teilt.

Überlegen Sie vor dem Taufgespräch, ob Ihnen bestimmte Anliegen für das Fürbittengebet besonders wichtig sind! Gibt es in der Familie Menschen, die Ihr Gebet besonders brauchen? Ist z.B. jemand fern der Heimat, krank, traurig oder in Trauer? Wenn gerade Schreckensmeldungen um die Welt gehen, so berücksichtigen Sie auch die betroffenen Opfer.

Wissen Sie schon, für wen das Dankopfer (die Geldeinsammlung/Kollekte) bestimmt sein wird? Falls Sie am Ende des Gottesdienstes für Notleidende sammeln, so schließen Sie diese auch in die Fürbitten ein. Christliche Hilfe geschieht immer mit Taten und Gebeten gleichermaßen.

Hat man die einzelnen Anliegen z.b. auf einen Wassertropfen geschrieben, so kann man diese nun auf den Rand des Taufbeckens legen.

Die Fürbitten können mehrere Personen im Wechsel lesen. Eltern und Paten können sich beteiligen, wie auch Geschwister, Großeltern, andere Familienangehörige und Menschen aus der Gemeinde.

Stellen Sie aus der folgenden Sammlung Ihr Fürbittengebet zusammen. Wählen Sie aus oder lassen Sie sich dadurch zu eigenen Formulierungen anregen. Umrahmt werden die ausgesuchten Bitten mit einer Anrede wie z.B. Großer Gott, Herr im Himmel, allmächtiger Gott, Vater im Himmel und dem Amen als Abschluss.

Wir bitten dich für dieses Kind,

- *dass es deine Liebe stets spürt,*
- *dass es viel Liebe durch die Menschen empfängt,*
- *dass es auch in schweren Zeiten immer wieder Hoffnung findet,*
- *dass immer Menschen an seiner Seite sind,*
- *dass es niemals sagen muss, keiner ist da, der mich versteht,*
- *dass es nie Angst haben muss, von allen lieben Menschen verlassen zu werden,*
- *dass stets Menschen da sind, die zuhören können,*
- *dass Menschen da sind, die seinen Glauben stärken,*
- *dass es offen ist für deine Frohe Botschaft und darin Hilfe für sein Leben findet,*
- *dass es deinen Segen spürt und ein Segen für andere Menschen sein kann.*

Wir bitten für die Eltern und Paten,

- *dass sie sich der Verantwortung für ihr Kind stets bewusst bleiben,*
- *dass sie immer wieder Kraft finden, das Kind auf seinen Wegen zu begleiten,*
- *dass sie ihm im Glauben und Leben ein gutes Vorbild sind,*
- *dass sie ihm so viel Halt geben wie nötig und so viel Ermutigung wie möglich,*
- *dass sie ihm nötige Grenzen aufzeigen und genug Freiheit ermöglichen,*
- *dass sie stets genug Kraft, Mut und Fantasie für eine gute Erziehung finden,*
- *dass sie Rat und Ermutigung in deinem Wort finden,*
- *dass sie sich bei schwierigen Entscheidungen durch deine Frohe Botschaft ermutigen lassen,*
- *dass ihr Verhältnis zueinander geprägt ist von deinem Geist der Liebe.*

Wir bitten dich für uns alle,

- *lass uns der Verantwortung bewusst sein, die wir für diese Welt haben,*
- *lass uns den Kindern eine Welt übergeben, in der sie gut und gerne leben mögen,*
- *befreie uns von Egoismus, Machtstreben, Argwohn und Missgunst,*
- *lass uns Mut, Kraft und Fantasie für ein christliches Miteinander aus deinem Segen schöpfen,*
- *dass wir Kindern deine Botschaft glaubwürdig vorleben,*
- *dass wir uns einsetzen für Mitmenschlichkeit und aufschreien gegen Ungerechtigkeit,*
- *hilf uns, überflüssige Grenzen niederzureißen, ohne Chaos entstehen zu lassen,*
- *zeige uns, wie man nötige Grenzen aufzeigt, ohne andere Menschen zu entmutigen.*

Für alle Menschen, die Verantwortung tragen, bitten wir,

- *lass sie weise Entscheidungen fällen, die den Menschen und der Welt gut tun,*
- *lass sie Entscheidungen fällen, die ermutigen gegen alle Resignation,*
- *lass sie im Geist der Gemeinschaft handeln, der Grenzen niederreißt,*

- schenke ihnen Verständnis für Andersdenkende,
- führe sie auf den Weg des Friedens und der Versöhnung,
- bewahre sie vor ungezügeltem Fortschrittsglauben,
- hilf, dass sie das Wohl der Menschen in den Mittelpunkt ihrer Entscheidungen stellen.

Für alle Menschen bitten wir,

- die ein bedrückendes Schicksal zu tragen haben,
- die allein gelassen sind mit ihren Sorgen und Nöten,
- die einsam, heimatlos, obdachlos, mutlos sind,
- die in Kriegsgebieten leben,
- die schwere Krankheiten durchleben,
- die Opfer von Gewalt, Katastrophen, Hass und Terror geworden sind,
- die keine Hoffnung haben und der Zukunft nicht vertrauen,
- die dich, Gott, aus den Augen verlieren und bösen Mächten mehr vertrauen,
- die erfüllt sind von Trauer und Traurigkeit.

Die gesamte Taufgesellschaft kann sich aktiv einbringen, indem sie jeweils nach einigen Fürbitten gemeinsam einen Gebetsruf spricht oder singt. Solche Gebetsrufe sind z.B.:

> Herr, erbarme dich.
> Herr, höre uns, Christus erhöre uns.
> Wir bitten dich, erhöre uns.
> Kyrie eleison.
> Bleibe bei uns, großer Gott.

Beachten Sie zum Thema Fürbitten ergänzend das Kapitel „Dank- und Fürbittengebet" im 4. Hauptteil (S. 88–89).

Glaubensbekenntnis

Es gibt keine Taufe ohne das Bekenntnis zu Gott dem Vater, dem Sohn und dem Heiligen Geist. Traditionell wird das Apostolische Glaubensbekenntnis gemeinsam gesprochen. Es hat sich seit dem 2. Jahrhundert entwickelt, bis schließlich im 5. Jh. die jetzige Form festlag. Man meinte später, es sei von den Aposteln verfasst; daher erhielt es diesen Namen.

Es unterscheidet sich in den beiden Konfessionen nur durch ein Wort. Katholischerseits lautet es: „Ich glaube an … die heilige katholische Kirche"; die evangelischen Christen sprechen: „Ich glaube an … die heilige christliche Kirche." Das Wort „katholisch" ist hier nicht als Abgrenzung zu „evangelisch" zu verstehen. Es bedeutet soviel wie „allumfassend", „allgemein". Feiern katholische und evangelische Christen gemeinsam, so können beide Versionen nebeneinander gleichzeitig gesprochen werden; das stört den ökumenischen Gedanken nicht. Die ökumenische Fassung „Ich glaube an … die allgemeine christliche Kirche" hat sich nicht durchgesetzt.

Ich glaube an Gott, den Vater, den Allmächtigen,
den Schöpfer des Himmels und der Erde.
Und an Jesus Christus,
seinen eingeborenen Sohn, unsern Herrn,
empfangen durch den Heiligen Geist,
geboren von der Jungfrau Maria,
gelitten unter Pontius Pilatus,
gekreuzigt, gestorben und begraben,
hinabgestiegen in das Reich des Todes,
am dritten Tage auferstanden von den Toten,
aufgefahren in den Himmel;
er sitzt zur Rechten Gottes,
des allmächtigen Vaters;
von dort wird er kommen,
zu richten die Lebenden und die Toten.
Ich glaube an den Heiligen Geist,
die heilige katholische/christliche Kirche,
Gemeinschaft der Heiligen,
Vergebung der Sünden,
Auferstehung der Toten und das ewige Leben.
Amen.

Man kann nicht davon ausgehen, dass alle Gäste dieses Bekenntnis auswendig können. Will man es gemeinsam sprechen, so sollte es in gedruckter Form vorliegen. Bringen Sie es auf das Liedblatt. Wird aus den Gesangbüchern gesungen, so findet man es im Evangelischen Gesangbuch auf der vorletzten Seite und im Gotteslob vorn auf Seite 20.

Vielleicht kommen Ihnen die Worte dieses Bekenntnisses zu alt vor, und Sie können sich wenig darunter vorstellen. Sprechen Sie dann mit den Geistlichen darüber. Ich möchte eine Lanze für dieses Bekenntnis brechen: Natürlich gibt es nicht Ihren persönlichen Glauben mit Ihren Worten wieder. Das Apostolische Glaubensbekenntnis erklärt vielmehr die grundlegenden Inhalte des christlichen Glaubens mit alten Worten. Es gibt viele andere Glaubensbekenntnisse, so wie es neben dem Vaterunser viele andere Gebete gibt. Und wie jeder sein persönliches Gebet formulieren kann, kann auch jeder sein persönliches Glaubensbekenntnis formulieren. Das ist gut und wichtig. Doch an dieser Stelle geht es erst mal um etwas anderes: sich einzureihen in die Christenheit aller Zeiten und an allen Orten. Mit diesem Bekenntnis drückt man aus: Über alle Grenzen von Zeit und Raum hinweg gehören wir zusammen; Worte wandeln sich, doch der dreieinige Gott bleibt derselbe.

Vielleicht mögen Sie ein eigenes Bekenntnis zusätzlich formulieren. Zeigen Sie damit auf, was Ihnen am christlichen Glauben wichtig ist und warum Sie Ihr Kind an Gottes Seite stellen. Die klassische Form des Glaubensbekenntnisses hat drei Teile. Man bekennt sich 1. zum Schöpfer, Gott Vater, 2. zu Jesus, in dem Gott Mensch wurde, und 3. zur ewig lebendigen Kraft Gottes (Heiliger Geist). Ein eigenes Bekenntnis kann sich an dieser Dreigliedrigkeit orientieren, wie folgendes Beispiel zeigt:

> *Ich glaube an Gott, den allmächtigen Ursprung allen Seins,*
> *der sich um die Erde, um alles Leben und um mich und meine*
> *Familie sorgt wie ein Vater und eine Mutter um ihr Kind.*
>   *Ich glaube an Jesus Christus,*
>   *der so vieles auf den Kopf stellt,*
>   *weil der Maßstab für ihn die Liebe ist.*
>   *So nennt er manchen Armen reich*
>   *und manchen Reichen arm.*
>   *Manche alten Menschen nennt er jung,*
>   *und manche Jungen sind für ihn so alt.*
>   *Manches Schöne nennt er hässlich*

und im Dunklen sieht er Licht,
weil sein Maßstab die Liebe ist.
Ich glaube, dass auch ich vieles im neuen Licht sehe,
wenn ich von ihm lerne, mit den Augen der Liebe zu sehen.
Diese Liebe macht mitten im Leben lebendig
und überdauert den Tod.
Ich glaube an den Heiligen Geist, die ewige Kraft Gottes,
Kraft, die solche Liebe schafft,
Kraft, die uns trägt und täglich neue Hoffnung gibt.

Doch auch ohne sich an diese Dreiteilung zu halten, kann man seinen Glauben formulieren. Überlegen Sie, was Ihren Glauben ausmacht. Lassen Sie sich dabei nicht durch feste, vorgegebene Texte hemmen. Hier ein Beispiel einer solch freien Formulierung:

Ich glaube, dass Gott stets bei uns ist,
dass er uns nie allein lässt, dass er sich rufen lässt,
dass er uns Antwort gibt, dass er uns geduldig und stark macht.
Ich glaube, dass Gott mir Kraft gibt und alle Liebe von ihm kommt.
Daher kann Liebe alles neu machen,
Grenzen überwinden, Mauern einreißen, Berge versetzen.
Ich glaube, dass Gottes Liebe
immer stärker ist und bleibt als alles Böse zusammen.

Man kann ein Glaubensbekenntnis auch singen. Dazu eignet sich das Lied „Wir glauben Gott im höchsten Thron" (EG 184). Die Melodie ist nicht so einfach; doch es lässt sich auf mehrere Melodien anderer bekannter Lieder singen. Damit passt es dann in die jeweilige Jahreszeit: mit der Melodie von „O Heiland, reiß die Himmel auf" in die Adventszeit, mit der Melodie „Vom Himmel hoch" in die Weihnachtszeit. Auch zu den Melodien von „O Jesu Christe, wahres Licht" und „Wir danken dir, Herr Jesu Christ" passt dieser Text. Im katholischen Gotteslob finden wir das gesungene Bekenntnis: „Wir glauben all an einen Gott" (GL 467). Neuere Glaubenslieder lauten: „Lass mich an dich glauben" (Lutz Nagel), „Wir glauben an den Gott" (Walter Kargel), „Kehrt um und glaubt" (zum Katholikentag 1982). Die Kirchenmusiker/Kirchenmusikerinnen helfen Ihnen sicherlich gern bei der Suche und Auswahl solcher Lieder.

Lied (Glaubenslied oder Tauflied)

Ein Lied an dieser Stelle kann sich inhaltlich auf den zu Ende gehenden Verkündigungsteil beziehen. Es ist dann eine Antwort auf die Lesungen. In diesem Fall spricht es vom eigenen Glauben oder lobt und dankt Gott:

- Lobe den Herren, den mächtigen König (EG 317/GL 258)
- Lobt froh den Herrn (EG 332/in GL-Anhängen)
- Lasst uns loben, freudig loben (GL 637)
- Nun danket all und bringet Ehr (EG 322/GL 267)
- Wir glauben an den einen Gott (GL 467)
- Wir haben Gottes Spuren festgestellt (EG-Anhänge/mod. Liedgut)
- Laudato si (EG 515/modernes Liedgut)
- Liebe ist nicht nur ein Wort (in EG- und GL-Anhängen)
- Komm, sag es allen weiter (EG 225/modernes Liedgut)
- Lobet und preiset ihr Völker den Herrn (GL 282/EG-Anhänge)

Das Lied kann andererseits den bevorstehenden Taufteil einleiten. Die eigene Taufe wird erinnert und der Täufling wird Gott anempfohlen:

- Segne dieses Kind (GL 636/in EG-Anhängen)
- Wir bringen, Herr, dies Kind zu dir (Melodie wie EG 155)
- Kind, du bist uns anvertrauet (Melodie wie EG 161)
- Ich bin getauft auf deinen Namen (EG 200)
- Ich bin getauft und Gott geweiht (GL 635)
- Voller Freude über dieses Wunder (EG 212)
- Maria breit den Mantel aus (GL 595)

Vergessen Sie nicht, die Verwendung moderner Lieder zu prüfen:

- Laudato si (EG 515/modernes Liedgut)
- Danke für diesen guten Morgen
  (siehe auch Text im Kapitel „Lieder im Gottesdienst", S. 28–30)
- Gottes Wort ist wie Licht in der Welt (in GL- und EG-Anhängen)
- Du hast uns deine Welt geschenkt (in GL- und EG-Anhängen)
- Herr, deine Liebe (in EG-Anhängen/modernes Liedgut)
- Gottes Liebe ist so wunderbar (modernes Liedgut)

Die eigentliche Taufhandlung (3. Hauptteil)

Der dritte Hauptteil christlicher Gottesdienste ist die direkte Fortsetzung der vorausgegangenen Verkündigung. Wovon wir gerade gehört haben, wird nun „lebendig", die Liebe Gottes. Die Frohe Botschaft kann nun erlebt werden, mit allen Sinnen, insbesondere mit dem Herzen. Gott handelt jetzt an den Menschen. Dies geschieht sonntäglich in der Eucharistie (dem Abendmahl). Heute wirkt Gott in der Taufe.

Der biblische Taufbefehl

Im Neuen Testament steht ein Textabschnitt, der den Namen „Taufbefehl" bzw. „Missionsbefehl" trägt. Das Matthäusevangelium endet damit. Jesus verabschiedet sich mit diesem Worten endgültig von den Jüngern und beauftragt sie, die Menschen zu taufen. Da dieser Bibeltext die Begründung für dieses Sakrament ist, fehlt er bei keiner Taufe. Er wird in der Regel von den Geistlichen gelesen. Hier die Fassung der Einheitsübersetzung:

> *Da trat Jesus auf die Jünger zu und sagte zu ihnen:*
> *„Mir ist alle Macht gegeben im Himmel und auf der Erde.*
> *Darum geht zu allen Völkern,*
> *und macht alle Menschen zu meinen Jüngern;*
> *tauft sie auf den Namen des Vaters und des Sohnes*
> *und des Heiligen Geistes,*
> *und lehrt sie, alles zu befolgen, was ich euch geboten habe.*
> *Seid gewiss:*
> *Ich bin bei euch alle Tage bis zum Ende der Welt."*
> *(Matthäus 28,18–20)*

Die christlichen Kirchen taufen also im direkten Auftrag Jesu. Seine Abschiedsworte beinhalten auch den Auftrag, in seinem Geiste zu erziehen („… und lehret sie halten alles, was ich euch befohlen habe …"). Mit der Taufe gilt diese Aufforderung nun für Eltern und Paten. Die Kirche sieht sich aufgrund dieser Worte Jesu verpflichtet, Eltern und Paten bei der christlichen Erziehung zu unterstützen.

Verpflichtung der Eltern und Paten

In der evangelischen Kirche gehört es zum festen Ablauf, dass die Eltern und Paten jetzt bestätigen, dass die Taufe ihr ausdrücklicher Wunsch ist. In der katholischen Kirche ist dieser Teil durch das „Gespräch mit Eltern und Paten" abgedeckt, das der Geistliche schon zu Beginn der Feier führt. Ob evangelisch oder katholisch, jetzt können Eltern und Paten mit eigenen Worten erklären, warum sie ihr Kind zur Taufe führen und was sie mit diesem Sakrament verbinden. Hier zunächst der Dialog, den das offizielle evangelische Taufbuch vorsieht:

Pfarrer/Pfarrerin: „Liebe Eltern (bzw. Vater/Mutter), Patinnen und Paten, ihr habt gehört, was Gott in der Taufe schenkt und was diese Gabe für alle Getauften bedeutet. So frage ich euch: Wollt ihr, dass euer Kind getauft wird, so antwortet: Ja."
Eltern und Paten: „Ja!"
Pfarrer/Pfarrerin: „Wollt ihr euer Kind als Gottes Geschenk annehmen? Wollt ihr eurem Kind helfen, im Glauben an Gott Kraft für das Leben zu finden, so antwortet: Ja, mit Gottes Hilfe."
Eltern und Paten: „Ja, mit Gottes Hilfe."

In der evangelischen und katholischen Kirche kann eine Erklärung mit eigenen Worten gelesen werden. Dieses Beispiel passt auch an den Beginn des Gottesdienstes (insbesondere in den Abschnitt „Gespräch" mit Eltern und Paten, vgl. S. 35–37):

Wir möchten, dass unser Kind getauft wird.

Weil wir glauben,
dass schon ein Hauch von Glaube lebendig macht
mitten im alltäglichen Sterben der Gefühle,
dass ein Stück Hoffnung weiter trägt
als jeder Zweifel auf den Wellen der Ratlosigkeit,
dass selbst ein wenig Liebe mächtiger ist
als aller Hass zusammen, in einer Welt,

in der so viele auf das Böse setzen.
Wir möchten unser Kind an der Seite Gottes sehen,
auf die Seite von Glaube, Hoffnung und Liebe,
gegen den alltäglichen Tod,
gegen die sich ausbreitende Ratlosigkeit,
gegen die erdrückende Übermacht des Bösen.

Wir möchten, dass unser Kind getauft wird.

Weil wir wissen,
wie schnell sich Hoffnung in Verlorenheit wandelt,
wie plötzlich im Glauben der Zweifel keimt,
wie unversehens aus Liebe Gleichgültigkeit wird,
erbitten wir die Kraft des Heiligen Geistes.

Wenn die Eltern in der Kirche getraut wurden, in der nun ihr Kind getauft wird, ist folgender Text angebracht. Er wird von einem Elternteil oder von beiden im Wechsel gelesen. Leicht kann dieser Text aber auch zu einem Gebet umformuliert werden und an einer anderen Stelle den Gottesdienst bereichern. Denken Sie wieder daran, dass alle Vorlagen dieses Buches geändert werden können, gekürzt, ergänzt, umformuliert:

In dieser Kirche haben wir „ja" zueinander gesagt,
„ja" als Mann und Frau.
„Ja" haben wir gesagt, ja, wir wollen füreinander da sein,
ja, wir wollen treu sein, in guten und in schweren Zeiten,
uns nicht verlassen, nie und nimmer.
„Ja", bedingungslos, endlos, grenzenlos.
„Ja" haben wir gesagt zu unserem Gott,
„ja", dass er in unserem Bund dabei ist.
„Ja" hat er zu uns gesagt, „ja" zu uns als Mann und Frau.
Wir haben es gespürt, erhofft, ersehnt, geglaubt.
Nun ist seine Liebe und Treue zu uns sichtbar geworden,
lebendig in unserem Kind.
„Danke!" sagen wir heute, danke, zärtlicher Gott, über alles: Danke!
„Glückwunsch!" rufen wir,
Glückwunsch, liebender Gott, das hast du gut gemacht,
deutlicher kann deine Liebe zu uns nicht werden

als in diesem Kind.
Und wieder sagen wir „ja". „Ja" zu unserem Kind.
Ja, wir wollen für es da sein,
treu sein, in guten und in schweren Zeiten,
es nicht verlassen, nie und nimmer.
„Ja", bedingungslos, endlos, grenzenlos.
„Ja", hier am Altar, vor Gott und all den Zeugen,
nicht weniger als das „Ja" der Liebe sagen wir.
Und wieder sagt er „ja". „Ja" zu uns als Familie.
Wir spüren es, erhoffen es, ersehnen es, glauben es.
Danke, zärtlicher Gott, über alles: Danke!
Glückwunsch, liebender Gott, das hast du gut gemacht,
deutlicher kann deine Liebe zur Menschheit nicht werden
als in diesem „Ja" zu Mutter, Vater, Kind.

Betrachtung des Wassers / Taufwasserweihe

Man hat sich zum Taufbecken begeben. Ob am Becken nur Eltern, Paten und Geschwister stehen oder sich die gesamte Taufgesellschaft hier gruppiert, hängt sehr von den örtlichen Gegebenheiten ab. Befindet sich das Becken im hinteren Teil des Kirchenschiffes, so wird die gesamte Taufgesellschaft in einer „Prozession" dorthin ziehen. Steht es vorn, so wird der Großteil der Anwesenden von den ersten Bänken aus dem Geschehen folgen. Alle Kinder sollten jedenfalls eingeladen werden, ganz nah dabei zu sein.

Die Geistlichen werden nun die Aufmerksamkeit auf das Wasser lenken. Die erste Taufe der Christenheit geschah mit Wasser, genauer gesagt: im Wasser. Jesus wurde von Johannes (dem Täufer) im Jordan getauft. Die vielen Menschen, die daraufhin ebenfalls zur Taufe strömten, wurden in den Jordan (und dann auch in andere Flüsse) getaucht. Ja, sie wurden nicht nur übergossen, sie wurden eingetaucht. Aus dem Wort „tauchen" entwickelte sich dann unser Wort „taufen".

Die katholische Kirche weiht zu Ostern ihr Taufwasser. Während der gesamten Osterzeit wird dieses für die Taufen genutzt. Danach wird das Taufwasser wieder vor jeder Taufe geweiht. In der evangelischen Kirche ist das Taufwasser kein besonderes Wasser. Es wird vor der Taufe aus der Wasserleitung genommen oder (in seltenen Fällen) aus dem nächstliegenden Bach geholt. Geweiht wird es nicht, weil hier davon ausgegangen wird, dass Gott bei der Taufe selbst durch das ganz normale Wasser handelt. Die Geistlichen sehen keinen Grund, dieses Wirken Gottes vorwegzunehmen. Aber die Bedeutung des Elements Wasser für die Taufe wird in allen christlichen Kirchen durch besondere Texte hervorgehoben. Hier ein Beispiel:

> *Getauft wirst du nun, Menschenkind,*
> *getaucht in das Wasser, das Gott uns schenkt,*
> *in das frische Nass,*
> *das dich lebendig macht, das dich am Leben erhält,*
> *das dich durchzieht, das dich keimen lässt*
> *wie den Baum am frischen Wasser.*
> *Getauft wirst du nun, damit deine Wurzeln dich halten.*

> *Getauft wirst du nun, Menschenkind,*
> *übergossen mit dem Geist, den Gott dir schenkt,*
> *gesegnet mit dem kräftigen Hauch des Lebens,*
> *der dich in die Lüfte hebt,*
> *der dich lockt, wenn du dich nicht traust,*
> *der dich anstößt, wenn Angst dich lähmt,*
> *der dich trägt, wenn du müde wirst.*
> *Getauft wirst du nun, Menschenkind,*
> *damit deine Flügel dich tragen wie den Vogel im Wind.*

In vielen Gemeinden wird das Wasser schon vor dem Gottesdienst eingegossen. Es befindet sich also schon im Taufbecken, aus dem der Geistliche es mit der Hand oder einem Schälchen schöpft. In besonderer Weise wird die Aufmerksamkeit aber auf das Wasser gelenkt, wenn es nun erst unter den Blicken der Taufgesellschaft eingeschüttet wird. Dabei kann folgender Text von einer oder mehreren Person/en gelesen werden:

> *Du wirst deine Wege gehn.*
> *Die wunderbaren und die, auf denen du dich verwundest.*
> *Lachend wirst du sie gehen und weinend.*
> *Vor dir liegen Wege der Freude und Wege der Traurigkeit.*

Du wirst sie nie alleine gehn.
Der tröstende Gott kommt zu dir durch dieses Wasser.

(Etwas Wasser eingießen)

Du wirst deine Wege gehn.
Hoffend wirst du sie gehn und zweifelnd,
sicheren Schrittes und stolpernd.
Vor dir liegen Wege des Glückes und Wege der Verzweiflung.
Du wirst sie nie alleine gehn.
Der schützende Gott kommt zu dir durch dieses Wasser.

(Etwas Wasser eingießen)

Du wirst deine Wege gehn.
Voll Erfüllung wirst du sie gehn und voller Sehnsucht,
geborgen und oft ganz allein.
Vor dir liegen Wege der Partnerschaft und Wege des Abschieds.
Du wirst sie nie alleine gehn.
Der zärtliche Gott kommt zu dir durch dieses Wasser.

(Etwas Wasser eingießen)

Du wirst deine Wege gehen.
Über Höhen wirst du gehn und durch Tiefen wirst du kriechen.
Durchs Licht wirst du schreiten und durch Dunkelheiten dich tasten.
Du wirst deine Wege nie alleine gehn.
Der ermutigende Gott kommt zu dir durch dieses Wasser.

(Etwas Wasser eingießen)

Der allmächtige Gott führt dich an nichts vorbei,
aber er begleitet dich mitten hindurch wie durch dieses Wasser.
So wirst du deine Wege gehen.

(Etwas Wasser eingießen)

Dein Gott begleitet dich mitten hindurch.
So kannst du nun deine Wege gehn.

(Alles Wasser wird nun aus der Kanne gegossen)

Auch der folgende Text ist dazu gedacht, während des Eingießens des Wassers abschnittweise gelesen zu werden. Kinder beteiligen sich immer gern beim Eingießen, und bestimmt hilft ein Erwachsener ihnen, die Kanne zu halten:

Was ich dir wünsche ist alt;
und doch ist es immer wieder neu,
weil alles andere zu schnell alt wird.
Und du sollst neu sein, ein Leben lang,
neu durch dieses Wasser.

(Etwas Wasser aus der Kanne ins Taufbecken gießen)

Segne mit liebevollen Gedanken;
mit guten Wünschen spare nicht!

(Etwas Wasser eingießen)

Hoffe für die Bedrückten;
gegen das Böse erhebe dein Wort!

(Etwas Wasser eingießen)

Den Argwohn verbreite nicht;
finde eine Entschuldigung für die Verurteilten!

(Etwas Wasser eingießen)

Deinen freundlichen Blick lass hervorschauen;
dein Lächeln schenke reichlich!

(Etwas Wasser eingießen)

Zur Offenheit löse dich;
deine Hand werde leicht für eine gute Tat!

(Etwas Wasser eingießen)

Weil du damit täglich Hoffnung schenkst,
ist es immer neu, so alt es scheint.
Und du, mein Kind, sollst neu sein, ein Leben lang,
ein neuer Mensch durch dieses Wasser.

(Alles Wasser nun eingießen)

Zur folgenden meditativen Übung ist das Wasser bereits eingegossen. Dieser Text sollte nur von einer Person gesprochen werden. Sie muss ihn langsam und beruhigend sprechen. Sie sollte selbst mit am Becken stehen. Sie sollte auch selbst mitmachen, obwohl sie ihre Augen nicht ganz schließen kann, da sie ja den Text liest:

Wir schauen das Taufbecken an und werden ganz still. /
Das Becken sehen wir und das Wasser,
in dem „Sascha" gleich getauft wird. /
Wir schließen unsere Augen. Schließe deine Augen.
Sieh mit geschlossenen Augen auf das Taufbecken. /
Stelle dir nun vor, dass ein gelbes Band von deiner Stirn zum
  Wasser in diesem Becken führt.
Schicke das Band los, von deiner Stirn zum Taufbecken.
Ein gelbes Band von deiner Stirn zum Taufbecken.
Lass dieses gelbe Band bestehen. Lass es nicht abreißen. /
Schicke nun zusätzlich ein rotes Band von deinem Herzen los.
Ein rotes Band von deinem Herzen zum Wasser. /
Lass beide Bänder bestehen.
Schau sie dir mit geschlossenen Augen an.
Da ist das Band von deiner Stirn zum Wasser.
Und da ist das Band von deinem Herzen zum Wasser.
Mit geschlossenen Augen sieh dir deine Bänder an. /
Da sind die Bänder. Du bist verbunden mit diesem Wasser.
Doch auch das Wasser ist verbunden mit dir.

*Die Kraft Gottes, die von diesem Wasser ausgeht, ist verbunden
mit dir. /
Lass deine Bänder noch bestehen. Und schau mit geschlossenen
Augen auf die vielen anderen Bänder, die zum Taufbecken
führen – von den Menschen, die hier stehen.
Es sieht aus, als ob ein Netz entstanden ist. /
Verbunden bist du mit dem Wasser und mit den Menschen hier
am Wasser, in dem gleich ein Kind getauft wird.
Verbunden sind wir mit diesem Kind. /
Auch wenn du gleich deine Bänder zurückziehen wirst,
die Verbindung bleibt – durch das Wasser, das Geschenk Gottes
an uns alle. Sieh noch einmal auf deine Bänder. /
Und nun ziehe sie zurück zu dir, langsam, als ob du sie einrollst. /
Sie sollen nicht abreißen.
Vielleicht brauchst du sie irgendwann wieder. – Rolle sie auf. /
Lass ein Band in deinem Sinn und eines in deinem Herzen,
bereit, jederzeit wieder losgeschickt zu werden. /
Nun öffne deine Augen. Schau auf das Wasser.
Schau die Menschen an.
Ein Kind wird getauft im Wasser, das Gott uns allen schenkt.*

Statt sich die Bänder wie in der vorangegangenen meditativen Übung vorzustellen, können wirklich Bänder gespannt werden. Dazu wird ein Ring auf bzw. um das Taufbecken gelegt. Einen großen Ring aus Holz erhält man in Geschäften für Bastelmaterial. Aus einem frischen (Weiden-)Zweig kann man ihn allerdings auch selbst formen. Das eine Ende eines jeden Bandes wird am Ring befestigt (vielleicht wurde dies schon vor dem Gottesdienst so vorbereitet, dass die Bänder nun herunterhängen). Jedes anwesende Kind nimmt jetzt das andere Ende eines Bandes. Sind weniger Bänder als Kinder, so halten zwei Kinder ein Band gemeinsam. Die Erwachsenen legen ihre Hände auf die Schultern der Kinder. So bleibt man auch während der Taufe stehen. Dazu muss nicht viel gesagt werden. Jeder spürt:

*Verbunden bin ich,
verbunden mit dem Wasser, verbunden mit Gott,
verbunden mit dem Kind über dem Taufbecken,
verbunden mit allen Kindern, miteinander verbunden.*

Liest man, während die Bänder gehalten werden, die Bibelstelle von der Segnung der Kinder durch Jesus (Markus 10, 13–16, siehe „Biblische Lesung", S. 53–55), so entsteht eine besonders aussagekräftige Situation.

Taufhandlung

„Wer soll das Kind über das Taufbecken halten?", werden Geistliche oft gefragt. Es gibt dafür keine verbindliche Regel. Oftmals hält die Mutter es und möchte sich diese Geste auch nicht nehmen lassen. Dafür sprechen gute Argumente, zumal das Bild „Mutter mit Kind" (der Vater mit Taufkerze rundet das Bild ab) sehr „symbolträchtig" ist. Hält ein Taufpate bzw. eine Taufpatin das Kind, so sagen sie damit aus: „Hier am Taufbecken beginnt unsere Verantwortung." Diese Verantwortung können sie aber auch ausdrücken, indem sie die rechte Hand auf das Kind halten. Manchmal trägt eine Person es bis zur Kirchentür, eine nächste bis zum Platz, wieder eine weitere Person trägt es zum Taufbecken usw.; doch ist diese Praxis des Weiterreichens für das Kind nicht etwas stressig? Hier können nur die Möglichkeiten aufgezählt werden, entscheiden müssen Sie nach dem Gespräch mit den Geistlichen.

Das Kind wird mit Wasser übergossen, in manchen Gemeinden aber auch ins Wasser getaucht. Fragt der Geistliche nun noch einmal nach dem Namen des Kindes, so hat er ihn natürlich nicht vergessen. Er möchte, dass die Gemeinde und Gott den Namen laut und deutlich hören und die Eltern somit ausdrücken: „Das ist unsere Franziska; ruft sie bei diesem Namen; und du, großer Gott, schreibe diesen Namen in deine Hand, rufe unser Kind so, unser Kind ist dein Kind."

Der Geistliche schöpft mit der Hand oder einer kleinen Schale Wasser und gießt es dreimal dem Täufling über das Haupt. Dazu spricht er die Taufformel:

> **Ich taufe dich im Namen des Vaters**
> (Wasser)
> **und des Sohnes**
> (Wasser)
> **und des Heiligen Geistes.**
> (Wasser)

Dieser Taufformel folgt kein Amen. Amen bedeutet: So sei es. / Ja, das glauben auch wir. / Ja, so ist es. Amen ist eine Bestätigung dessen, was ein Vorbeter spricht. Die Taufe wird nicht in dieser Weise bestätigt. Der Täufling bestätigt sie mit seinem Leben.

Erklärende Riten

Der Taufe mit Wasser folgen einige zeichenhafte Riten wie:

- Salbung
- Bekreuzigung
- Übergabe des Taufkleides
- Entzünden der Taufkerze
- Berührung von Mund und Ohren (Effata-Ritus)

Solche Handlungen sollen zeigen, was die Taufe für das Kind bedeutet: Du bist gesalbt wie ein König, gesiegelt mit dem Kreuz, bekleidet mit Liebe, geführt vom Licht Christi, befähigt zu hören und zu sprechen. In der evangelischen Kirche tut man sich mit diesen symbolischen Handlungen noch schwer. Nach der Reformation gerieten sie hier zunächst für Jahrhunderte in Vergessenheit. Es bestand die Befürchtung, dass diese eindrucksvollen Handlungen das Taufgeschehen überdecken statt erklären. Im Rahmen der Ökumene lernt die evangelische Kirche, wie bedeutsam Zeichenhandlungen für den Glauben sind. Ob in der evangelischen oder katholischen Kirche: Achten Sie bitte bei Ihren Wünschen nach einer Ausgestaltung dieser Zeichenhandlungen darauf, die eigentliche „Wassertaufe" nicht in den Hintergrund zu stellen. Wenn die Gefahr besteht, dass die vorausgegangene Taufhandlung „überboten" wird, so kann jetzt weniger mehr sein.

Salbung mit Chrisam / Handauflegung

In allen katholischen und in vielen evangelischen Kirchen wird das Kind nun mit Chrisam gesalbt. Chrisam besteht aus Olivenöl, dem Balsam beigemischt ist. Balsam ist eigentlich das Harz eines Baumes, der insbesondere in Palästina wächst. Doch schon zu biblischen Zeiten wurden auch andere wohlriechende, heilkräftige Harze und Öle als Balsam bezeichnet. Das Chrisam ist also ein mit wohlduftenden, kostbaren Essenzen angereichertes Olivenöl. In manchen Gemeinden wird etwas Rosenöl hinzugegeben. Mit dem Daumen oder auch mit Mittel- und Zeigefinger verteilt der Geistliche dieses Öl durch leicht kreisende Bewegungen auf dem oberen Teil der Stirn (Haaransatz) Ihres Kind. Es wird kein Kreuz gezeichnet.

Im Wort Chrisam schwingt „Christ sein" mit. Das heißt, nur getaufte Christen werden mit diesem besonderen Öl gesalbt. Wie Könige und Priester gesalbt werden, damit in ihrem Handeln Gottes Wille sichtbar wird, so wird Ihr Kind gesalbt. Die Salbung ist ein sehr altes Zeichen, ein besonders eindrucksvolles. Doch es ist nicht mehr als ein Zeichen. Die Taufe mit Wasser ist das Zentrum des Geschehens. Die Salbung erklärt (lehrt) nur, was in der Taufe geschieht. Der Apostel Johannes sagt das so: „Die Salbung, die ihr von Gott empfangen habt, bleibt in euch, und ihr braucht euch von niemand belehren zu lassen. Alles, was die Salbung euch lehrt, ist wahr und keine Lüge. Bleibt in Gott, wie es euch seine Salbung gelehrt hat" (1. Joh 2,27).

Ist die Salbung in der Gemeinde nicht üblich, so legt der Pfarrer bzw. die Pfarrerin dem Kind die Hand auf und spricht einen Segen (Taufvotum) wie:

> *Gott gebe dir seine Gnade: Schutz und Schirm vor allem Bösen, Stärke und Hilfe zu allem Guten um Jesu Christi Willen.*

Ein Tipp für evangelische Christen: Motivieren Sie Ihre Pfarrer/Pfarrerinnen, auf das Zeichen der Salbung nicht zu verzichten. Da in vielen evangelischen Gemeinden kein Salböl vorhanden ist, bieten Sie an, es selbst herzustellen. Wie zu Beginn dieses Kapitels erklärt, ist Chrisam Olivenöl, das mit etwas Balsam als Duftstoff vermischt ist. Dem Olivenöl können Sie anstelle von Balsam einen kleinen Teil von anderem, gut duftendem, hautfreundlichem kosmetischen Öl zumischen. Es versteht sich von selbst, dass dieses Öl nur zur äußeren Anwendung gedacht ist.

Im Alten Testament finden wir ein Rezept für „Heiliges Öl", mit dem Menschen und Gegenstände zu biblischen Zeiten gesalbt wurden: 60

Tropfen Olivenöl, 6 Tropfen Myrrhenöl und 6 Tropfen Kassiaöl, drei Tropfen Zimtöl und drei Tropfen Kalmusöl (vergleiche 2. Mose 30,22–25). Dieses biblische Salböl kann auf der Babyhaut eine leichte Rötung hervorrufen, die aber schnell zurückgeht und unbedenklich ist. Ein kleines Fläschchen dieses Öls, fachmännisch nach biblischem Rezept und pharmazeutischen Grundsätzen hergestellt, können Sie bestellen bei: Amt für Öffentlichkeitsdienst der Nordelbischen Ev.-Luth. Kirche, Königstraße 54, 22767 Hamburg, Tel.: 040/306 20-1100, Fax: -1109, E-Mail: afoe@nordelbien.de.

Die Salbung sollte während des Gottesdienstes nicht erklärt werden. Der Geistliche spricht ein kurzes Votum, dem sollten Sie, wenn Sie mögen, nur einen kurzen Text voran- oder nachstellen:

Du bist getauft. Du gehörst zu Gott,
dem Allmächtigen, dem Ursprung allen Seins.
Du bist getauft. Du gehörst zu Christus,
dem Liebenden, der die Schuld vergibt.
Du bist getauft. Du gehörst zum Heiligen Geist,
der ewigen Kraft, die dich durchzieht.
Du bist getauft, so geh nun deinen Weg
wie ein von Gott gesalbter König:
stolz, wenn möglich, demütig, wenn nötig,
aufrecht, wenn du auf Großes schaust,
gebeugt, wenn das Kleine dich ruft.
So geh nun deinen Weg als Gesalbter Gottes.

Dieser Text eignet sich zur Salbung eines Mädchens:

Du bist eingetaucht in das Elixier des Lebens.
Du bist herausgezogen aus den Strudeln des Schicksals.
Du bist getauft im Namen des ewigen Gottes.
So bist du eine Gesalbte.
Wie die Frauen, von denen die Bibel berichtet, bist du berührt
mit kostbarem Öl. Gleich einer Königin. Wie Ruth, die treue Ruth,
wie Mirjam, die tanzende Mirjam,
wie die namenlose Frau am Jacobsbrunnen
bist du eine Gesalbte Gottes.

Dieser Text passt eher zu einem Jungen:

> *Wie Mose einst, wirst du auf deinem Weg durch das Leben*
> *manchmal an dir selber zweifeln;*
> *doch wie dieser Mann aus den Anfängen biblischer Zeit*
> *bist du ein Gesalbter des mutmachenden Gottes.*
> *Wie Abraham einst, wirst du auf deinem Weg durch das Leben*
> *manchmal an Gottes Versprechen zweifeln;*
> *doch wie dieser von Gott geleitete Mann*
> *bist du ein Gesalbter des zuverlässigen Gottes.*
> *Wie Daniel einst wirst du auf deinem Weg durchs Leben*
> *manchmal in Bedrängnis kommen,*
> *als ständest du den Löwen gegenüber;*
> *doch wie dieser in die Grube geworfene Mann*
> *bist du ein Gesalbter des rettenden Gottes.*
> *Versagen wirst du manchmal wie Petrus einst;*
> *in die Irre gehen wirst du wie Paulus einst.*
> *Wohin deine Wege auch führen, du bist ein Gesalbter Gottes;*
> *denn du bist getauft auf seinen Namen.*

Bedenken Sie, Texte, die im Gottesdienst nicht verwendet werden können, finden im „Tauferinnerungsbuch" sicherlich einen guten Platz.

Wird umstehenden Kindern etwas von dem Öl auf die Hand gerieben und dürfen sie den Wohlgeruch des Öls „schnuppern", so fühlen sie sich einbezogen und werden dieses „große" Ereignis kaum vergessen.

Bezeichnung mit dem Kreuz

Der Geistliche „zeichnet" nun mit dem Daumen oder mit dem Zeige- und Mittelfinger ein Kreuz auf die Stirn Ihres kleinen Lieblings. Wie die Salbung ist dies ein Zeichen, das ohne Worte etwas über den Sinn der Taufe aussagt, ein Sinnzeichen also. Eltern und Paten tun dies dem Pfarrer nach, auch sie bekreuzigen also Ihr Kind. Was diese Handlung bedeutet, erkennen Sie an den folgenden drei Bibelstellen. Lesen Sie diese jetzt bitte langsam und achten Sie auf die Gemeinsamkeit:

- „Ihr seid nun auch versiegelt mit dem Heiligen Geist." (Eph 1,13)
- „Gott ist es auch, der uns sein Siegel aufgedrückt und den Geist in unser Herz gegeben hat." (2. Kor 1,22)
- „Das feste Fundament, das Gott gelegt hat, kann nicht erschüttert werden. Es trägt ein Siegel mit der Inschrift: Der Herr kennt die Seinen." (2. Tim 2,19)

Sie haben die Gemeinsamkeit in den drei Bibelstellen entdeckt? Es ist der Begriff „Siegel". Das Kreuzeszeichen ist dieses Siegel, von dem die Bibel spricht. Wie man in einen Gegenstand die Anfangsbuchstaben des Besitzers (Monogramm) ritzt, wie man ein Pferd mit einem Brandmal versieht, so wird das Kreuz auf das Kind gezeichnet. Damit jeder weiß: Dieses Kind gehört zu Gott; niemand anders darf es in Besitz nehmen!

Man kann nun meinen: „Das ist aber ein schwaches Zeichen, wer soll es später sehen? Ein eingeritztes Monogramm bleibt, ein Brandmal ist offensichtlich; aber ein mit dem Finger gezeichnetes Kreuz?" Wie sichtbar das Kreuz im Leben Ihres Kindes bleibt, liegt bei Ihnen! Was ihm die Taufe mit Wasser bedeuten wird ebenso. Wir Christen überschütten uns nicht mit haftender Farbe, wir machen uns kein offensichtliches Mal auf die Stirn. Die Zeichen sollen im Herzen bewahrt bleiben.

Wenn Sie an diesem Tag gebeten werden, das Kreuz auf die Stirn Ihres Kindes zu zeichnen, ist dies ein Beginn, eine Ermutigung, es in Zukunft zu wiederholen. Diese Aufforderung zeigt: Segnende Gesten sind nicht den Geistlichen vorbehalten. Sie dürfen und können das ebenso. Ihr Tun hat mit Sicherheit Wirkung. Dies sage ich als Theologe und Pädagoge. Erneuern Sie das Sigel immer wieder mal, segnen Sie Ihr Kind auch später.

Anziehen des weißen Taufgewands

Ein weiterer erklärender Ritus ist das Anziehen oder Überlegen eines einfachen weißen Kleides. Die Eltern haben es vorher besorgt. Es wurde in der Familie weitergegeben; oftmals wurden schon Generationen vorher darin getauft. Sie haben es im Freundeskreis oder in der Nachbarschaft geliehen. Manche Kirchengemeinden stellen Taufkleider zur Verfügung. Es kann aber auch sehr leicht selbst genäht werden. Ein einfacher weißer Umhang muss es nur sein. Es genügt ein einfaches Leinenkleid. Es ist ja ein symbolisches Kleid. Weiß muss es sein und zu lang. Das sind die beiden Kennzeichen eines Taufkleides.

Die weiße Farbe zeigt Reinheit, Unschuld. In gewisser Weise ist es ein Hochzeitskleid. In der alten kirchlichen Sprache ist Jesus der Bräutigam des Menschenkindes. Schließlich ist es Zeichen für Jesus selbst. Das zeigt die Bibelstelle: „Ihr alle, die ihr auf Christus getauft seid, habt Christus als Gewand angelegt" (Paulus im Brief an die Galater). Die übermäßige Länge des Kleides symbolisiert: „Ich bin so klein, Gott, in den Glauben muss ich erst hineinwachsen, ausgewachsen werde ich diesbezüglich nie sein." Daher ist auch die Albe, das liturgische Untergewandt katholischer Priester, immer zu lang. Achten Sie einmal darauf, auch dieses „Kleid" schaut immer unten heraus.

Das Taufkleid wurde beim Einzug mit der Taufkerze hereingetragen. Es schon daheim überzuziehen macht keinen Sinn. Dass es nun lediglich auf das Kind gelegt wird, ist aus praktischen Gründen verständlich. Es dem Kind nun anzuziehen entspricht allerdings am ehesten seiner Bedeutung, wie diese Bibelstelle zeigt: „Ihr habt doch den alten Menschen mit seinen Gewohnheiten ausgezogen und habt den neuen Menschen angezogen" (Kol 3,9–10). In der frühen Christenheit legte der Täufling alle Kleider ab, bevor er das weiße Taufgewand anzog. Die Nacktheit zeigte: „Ich lege alles Alte ab und trete schutzlos vor Gott; alles, was ich brauche, erhalte ich von ihm."

Im Taufgespräch klären Sie, welche Rolle das Taufkleid bei Taufen in Ihrer Gemeinde spielt und ob und wie dieser alte Brauch gestaltet werden kann.

Entzünden der Taufkerze

Die Taufkerze wird am Licht der Osterkerze entzündet. Während der gesamten Tauffeier brennt die Osterkerze. Nun wendet sich die Aufmerksamkeit der Anwesenden ihr zu. Den Namen „Osterkerze" trägt sie nicht nur, weil sie in der Osternacht feierlich entzündet und gesegnet wurde. Die Kerze steht für das Ostereignis der Bibel: Jesus ist auferstanden; er ist lebendig, der von sich sagt: „Ich bin das Licht der Welt, wer mir nachfolgt, wird nicht in der Finsternis umhergehen, sondern wird das Licht des Lebens haben." Dass diese Zusage nicht überholt ist, zeigt die aktuelle Jahreszahl mitten auf der Kerze. Zusätzlich ist sie mit einem Alpha und einem Omega verziert. Das sind der erste und letzte Buchstabe des griechischen Alphabets. Gott ist der Anfang und das Ende. Wenn nun die Taufkerze an diesem Licht entzündet wird, heißt das für Ihr Kind: Gott ist da, er ist lebendig; auf ihn kann es sich verlassen; er ist A und O für dieses Kind.

Doch übersehen wir die fünf roten Nägel nicht, die fest in der Kerze stecken. Dies sind die fünf Wunden, die Jesus am Kreuz erhielt. Auch diese gelten für das Kind. Die Taufe bedeutet nicht, dass Ihr Kind verschont wird von den Dunkelheiten dieser Welt, nicht von Krankheit, nicht von Traurigkeit, Schmerz und Abschied. Insofern geht es getauften Menschen nicht besser als anderen. Gott führt sein Kind an nichts vorbei; aber mitten hindurch begleitet er es. Er lässt es nicht allein; auch das garantiert dieses Licht.

Während der Vater des Täuflings oder eine andere Person die Taufkerze an der Osterkerze entzündet, wird der Geistliche diese symbolische Handlung mit einigen Sätzen erklären. Die Bedeutung dieses Lichts kann auch in einem Gebet deutlich werden; vielleicht mögen Sie ein solches Gebet nun laut sprechen:

Unter dem Licht der Osterkerze lasst uns beten: Großer Gott,
du Licht der Welt, du möchtest, dass auch ich ein Licht bin.
So hilf mir, den Suchenden einen Weg zu zeigen,
den Leidenden Trost zu sein, den Ängstlichen Hoffnung zu geben.
Dein Licht helfe mir, den Umherirrenden Heimat zu bieten und
den Einsamen Geborgenheit. Dein Licht geben wir dem Kind mit.
Es möge ihm zeigen, dass du die Dunkelheit hell machst.
Es möge ihm Kraft geben, selbst ein Licht zu sein.

Sie erkundigen sich im Vorfeld (beim Taufgespräch), woher Sie die Kerze bekommen, wer sie entzündet, wer sie trägt, wann sie wieder ausgemacht wird. Es gibt unterschiedliche Bräuche in den Gemeinden. So bieten einige z.B. Kerzen zum Kauf an, während sie andernorts von Eltern oder Paten besorgt werden.

Haben Sie kleine Kerzen vorbereitet, so können diese nun an die anwesenden Kinder (oder auch noch an Erwachsene) verteilt werden. Auf diese Menschen soll das Licht der Osterkerze ebenfalls strahlen. Diese Aktion kann mit der Bitte verbunden werden, mit lieben Gedanken bei dem getauften Kind zu sein, wann immer man seine Kerze entzündet.

Taufkerzen sind zumeist mit Symbolen wie einer Taube, einem Kreuz, einem Fisch, dem A und O, einem Regenbogen oder einem Wassersymbol behaftet. Es bietet sich an, die Bedeutung dieser Zeichen nun zu erklären. Begründen Sie, warum Sie sich für eine Kerze mit gerade diesem Symbol entschieden haben. Erklärungshilfen finden Sie im Kapitel „Auswahl eines Symbols" (S. 22–28) im ersten Teil dieses Buches. Im folgenden Beispiel wird die Begründung direkt dem Täufling zugesprochen:

> *Eine Kerze mit einem Regenbogen haben wir dich ausgesucht.*
> *Über der Arche Noah stand dieser Regenbogen einst.*
> *Gott zeigte damit: Der Regen hat aufgehört.*
> *Ihr werdet festen Boden unter den Füßen finden.*
> *Du, Noah, und deine Tiere,*
> *ihr braucht euch nicht mehr zu fürchten.*
> *Dieser Regenbogen soll dir nun zeigen,*
> *dass Gott auch mit dir Frieden schließt*
> *und dich aus allen Gefahren retten wird.*

„Basteln" Sie doch in den Wochen vor der Taufe selbst eine Taufkerze. Sie kann aus edlem Bienenwachs gezogen und/oder mit Symbolen (aus Wachs) verziert werden. Haben Sie sich dafür entschieden, dass ein bestimmtes Symbol über der gesamten Tauffeier steht, wie wir es im ersten Teil dieses Buches vorschlugen, so gehört dieses Symbol auch auf die Taufkerze.

Effata-Ritus

Dies ist der abschließende Taufritus. Wie auch die vorangegangenen erklärenden Handlungen (Sinnzeichen), ist der Effata-Ritus in der katholischen Kirche fester Teil des Taufritus, während er in der evangelischen Kirche sogar umstritten ist. Luther allerdings hat diese alte Zeichenhandlung praktiziert und auch für seine Kirche vorgeschlagen.

Auf diese Heilungsgeschichte aus dem 7. Kapitel des Markusevangeliums beruft sich der Ritus:

Jesus nahm den Taubstummen beiseite, von der Menge weg, legte ihm die Finger in die Ohren und berührte dann die Zunge des Mannes mit Speichel. Danach blickte er zum Himmel auf, seufzte und sagte zu ihm: Effata!, das heißt: Öffne dich! Sogleich öffneten sich seine Ohren, seine Zunge wurde von ihrer Fessel befreit, und er konnte richtig reden.

Der Geistliche legt dem Kind die Hand auf die Ohren und auf den Mund, wie Jesus es beim Taubstummen tat. Er spricht dazu einen Text, der so oder ähnlich klingt:

> **Wie Jesus mit dem Ruf „Effata" einem Taubstummen die Ohren und den Mund öffnete, so öffne er auch deine Ohren und deinen Mund. Dann kannst du den Ruf des guten Hirten hören und zu Gott und den Menschen über deinen Glauben sprechen und über alles, was dich bewegt.**

In vielen Gemeinden ist es üblich, dass auch Eltern (und Paten und Geschwister) das Kind jetzt berühren. Das macht Sinn. Sie sind es doch, die das Hören und Sprechen des Kindes in Zukunft beeinflussen werden. Zudem zeigt diese Geste: Unser zärtlicher Kontakt kann in der Nachfolge Jesu Ohren und Mund öffnen, aber auch die Augen und das Herz.

Nach der ursprünglichen Bedeutung ist der Effata-Ritus lediglich ein Gebet für das richtige Hören und das mutige Bekennen der Worte Gottes. Doch die biblische Botschaft will unsere Ohren und unseren Mund auch für die Anliegen anderer Menschen öffnen. Durchaus dürfen Sie, während Sie die Ohren und den Mund Ihres kleinen Lieblings berühren, aus folgenden Bitten auswählen:

> *Viele Rufe werden dich erreichen,*
> *öffne die Ohren für die ehrlichen.*
> *Viele Nachrichten wird man auf dich schütten,*
> *öffne die Ohren für die wichtigen.*
> *Viele Botschaften werden auf dich prasseln,*
> *öffne die Ohren für die bedeutenden.*

Viele Forderungen wird man dir stellen,
öffne die Ohren für die gerechtfertigten.
Viele Ratschläge wird man dir geben,
öffne die Ohren für die hilfreichen.
Viele Geheimnisse wird man dir ins Ohr flüstern,
öffne die Ohren für die guten.
Viele Rufe werden dich erreichen,
öffne die Ohren für die, denen du folgen darfst.
Viele Menschen werden dich umwerben,
öffne die Ohren für die selbstlosen.
Viele Menschen werden auf dich einreden,
öffne die Ohren für Gottes Worte.

Manchmal wirst du dich nicht trauen, jemanden zu verteidigen,
öffne den Mund für die Angeklagten.
Manchmal wirst du keine Kraft haben, dich selbst zu verteidigen,
öffne den Mund für deine Anliegen.
Manchmal wirst du keine Worte finden zu trösten,
öffne den Mund für dein Mitgefühl.
Manchmal wirst du es aufgeben, deine Anliegen vorzubringen,
öffne den Mund für deine Rechte.
Manchmal wirst du zu schwach sein, jemanden zu entschuldigen,
öffne den Mund für die Angegriffenen.
Manchmal wirst du dich ärgern, nachgegeben zu haben,
öffne den Mund für ein frühzeitiges „Nein".
Manchmal wirst du zu schnell „Nein" rufen,
öffne den Mund für ein offenes „Ja".
Manchmal wird es dir die Sprache verschlagen,
öffne den Mund für die wichtigen Worte.
Manchmal wird dir peinlich sein, über deinen Glauben zu sprechen,
öffne den Mund für Gottes Frohe Botschaft.

Segensverse und gute Wünsche

Wenn Menschen aus dem Freundes- und Verwandtenkreis Wünsche oder Segensverse für das Kind ausgesucht oder selbst formuliert haben, so können diese nun vorgebracht werden:

I.: *Gottes Nähe wecke in dir Liebe.*
II.: *Liebe gegen allen Hass in der Welt,*
Liebe gegen alle Angst und gegen alle Einsamkeit.
I.: *Gottes Nähe wecke in dir Liebe.*
II.: *Liebe gegen alle Traurigkeit und gegen alle Eifersucht,*
Liebe gegen alles Misstrauen und gegen alle Ungerechtigkeit,
gegen alle Gleichgültigkeit und Fantasielosigkeit.
I.: *Gottes Nähe wecke Liebe in dir – alle Tage neu.*

Die folgenden Möglichkeiten bringen Bewegung in das Vortragen der Wünsche. Es muss allerdings frühzeitig (mit der Einladung) über solche Vorhaben informiert werden, damit die Gäste sich vorbereiten. Aktionen aus dem Stehgreif bewirken eher Verlegenheit:

- Die Anwesenden sprechen nacheinander einen Wunsch oder einen Satz aus der Bibel. Sie bilden dazu einen Schutzkreis um das Kind oder treten nacheinander vor und legen die Hand auf.
- Wurde das ausgesuchte Symbol als Zettel vorher verteilt, so wird eine Auswahl der darauf geschriebenen Wünsche jetzt verlesen.
- Ist das Symbol ein Baumblatt, so wird es an ein Bäumchen gehängt.
- Aus einzelnen Blütenblättern entstehen Blüten, aus Schäfchen eine Herde, aus Tauben eine Schar, aus Schmetterlingen ein ganzer Schwarm. Die gelben Strahlen formen sich zur Sonne; die Sterne verteilen sich am Nachthimmel, der als schwarze Folie an der Wand hängt; die Wölkchen finden auf einem helleren Hintergrund einen Platz.

Die Wünsche müssen nicht „fromm" sein, wie folgendes Beispiel zeigt. Als das Brüderchen eines Kindergartenkindes getauft wurde, überlegten sich die Kinder diese Wünsche. Sie wurden von Erzieherinnen auf Papierhände geschrieben und zur Taufe vorgebracht: „Ich wünsche dir liebe Eltern, ... ein schönes Kinderzimmer, ... dass du bald ins Kino darfst, ... dass du ganz stark wirst, ... viele Blumen in deinem Garten, ... dass jemand mit dir ins Schwimmbad geht, wenn es heiß wird, ... ein weiches Kuscheltier." Die Eltern freuten sich über dieses Geschenk und die Hände schmücken nun die Wand des Kinderzimmers.

Segnung der Eltern

Der „Prozessionsweg" durch die Kirche wird fortgesetzt. Nun zieht man weiter zum Altar oder zurück zu den Plätzen. Die brennende Taufkerze wird vorausgetragen. Vielleicht wird ein Lied dazu gesungen.

Die Eltern des Kindes werden zum Eltern- bzw. Familiensegen an den Altar gebeten. In vielen Gemeinden ist es Brauch, dass sie sich niederknien. Unter Handauflegung spricht der Geistliche einen Segen. Auch weitere Personen, die den Eltern nahestehen, wie z.B. die Großeltern, können sich aktiv beteiligen. Dieses Beispiel wurde vom Geistlichen (G) im Wechsel mit der „Oma" (O) gesprochen:

O: *Gottes Segen, das ist alles erdenklich Gute.*
G: *Gottes reicher Segen komme auf euch als Vater und Mutter.*
Eure Zukunftspläne möge er in rechter Weise unterstützen.
O: *Mit Enttäuschungen lasse er euch nicht allein.*
G: *Eure Hoffnungen möge er mittragen;*
Wunden möge er heilen und die Narben salben.
Eure Liebe festige er täglich neu.
O: *Damit ihr eines Tages, wenn man euch Oma und Opa nennt,*
dankbar sagen könnt: Er war immer da, nie waren wir allein.
G: *So segne euch als Gemeinschaft von Mann und Frau*
der allmächtige, barmherzige Gott, der Vater, der Sohn
und der Heilige Geist. Amen.

Mit dem folgenden Text leiten zwei Personen aus dem Freundeskreis den Segen ein:

I: *Wir standen schon als Trauzeugen an eurer Seite, hier am Altar.*
Heute stehen wir mit Segenswünschen vor euch.
II: *Gott erhalte euch die Kraft, euch und euer Kind zu lieben,*
wie er euch liebt.
I: *So wie Gottes Liebe sich vielfältig zeigt, schenke er euch*
die Fantasie, eure Liebe immer wieder neu zu beweisen.
II: *Wie er seine Hand über euch hält,*
lasse er euch Schutzengel füreinander sein.

I: *Er erhalte euer Vertrauen, er helfe euch zu vergeben, er ermutige euch, eine starke Familie zu sein.*
(Die Segensformel des Geistlichen schließt sich an.)

Lied (Danklied/Segenslied)

Ein Lied an dieser Stelle kann sich inhaltlich auf den vorangegangenen Taufteil beziehen. Dann drückt der Text Dank und Bitte aus:

- Nun danket all und bringet Ehr (GL 267/EG 322)
- Nun danket alle Gott (EG 321/GL 266)
- Kind, du bist uns anvertrauet (in EG-Anhängen, Melodie 161 und 206)
- Nun saget Dank und lobt den Herren (GL 269/EG 294)
- Nun schreib ins Buch des Lebens (EG 207)
- Wir haben Gottes Spuren festgestellt (in EG-Anhängen/ modernes Liedgut)

Das Lied kann andererseits den bevorstehenden letzten Gottesdienstteil „Sendung und Segen" einleiten. Dann drückt es die Bitte um Segen und Beistand aus:

- Bewahre uns, Gott (EG 171/in GL-Anhängen)
- Gott, dein guter Segen (modernes Liedgut)
- Ach bleib mit deiner Gnade (EG 347)
- Alles ist an Gottes Segen (EG 352)
- Komm, Herr, segne uns (in GL-Anhängen/EG 170)
- Herr, wir bitten: Komm und segne uns (in GL- und EG-Anhängen)
- Das wünsch ich sehr, dass immer einer bei mir wär (modernes Liedgut/in wenigen EG-Anhängen)

Sendung und Segen (4. Hauptteil)

Aus den Briefen des Neuen Testaments lernen wir, dass das ganze Leben „Gottesdienst" ist. Mit dem letzten Hauptteil des „Gottesdienstes im Kirchsaal" denken wir an den „Gottesdienst im Alltag". Wir beten für die Menschen in der Welt und erhalten durch den Segen Kraft für das Leben draußen, in das wir nun gesendet werden.

Dank- und Fürbittengebet / Vaterunser

In der Evangelischen Kirche stehen an dieser Stelle die Fürbitten. Wir haben sie entsprechend der katholischen Weise weiter oben behandelt. Falls dort nur für das Kind und die Familie gebetet wurde, sollten nun aber doch einige Bitten für die Menschen „draußen" eingefügt werden. Dabei vergessen wir die Menschen nicht, die in der Welt besondere Not leiden. Gerade an einem für uns so glücklichen Tag sollten wir auch an die bedrückten, leidenden, flüchtenden „Menschenkinder" dieser Welt denken. Als Christen sind wir überzeugt, dass unsere guten Bitten von Gott gehört werden. Er wird sie in seiner Weise in Erfüllung gehen lassen. Schon zu biblischen Zeiten wurde für die Kranken, die Gefangenen, die Regierenden, die Apostel und Märtyrer, ja für alle Menschen, die der Fürbitte bedürfen, gebetet. Selbst Feinde und Verfolger ließ man nicht aus.

In der katholischen sowie der evangelischen Kirche wird natürlich noch das Vaterunser gebetet, das Gebet der Christenheit, mit dem Jesus uns das Beten lehrte, wie wir dem Matthäusevangelium entnehmen können. Selten wird es schon vor dem eigentlichen Taufritus gebetet, da das Kind nun erst (und mit ihm Eltern und Paten) Gott seinen „Vater" nennen kann.

Es kann mit einem „Augenblick der Stille" eingeleitet werden, in dem jeder seine ganz persönlichen Bitten vor Gott trägt.

Es ist überliefert, dass in der frühen Christenheit dem Vaterunser ein „Friedenskuss" oder zumindest eine Umarmung der Mitfeiernden folgte. Aus dem „Kuss" wurde im Laufe der Zeit ein „Händereichen". Möchte man nun diese aussagekräftige, verbindende Geste einbringen, so kann auch das gesamte Vaterunser gebetet werden, indem alle Gäste an den Händen zu einer Menschenkette verbunden sind. Diese Handlung ist Ausdruck der Freude, der Gemeinschaft. Ein „Friedenswunsch" ist sie auch und eine Geste der Versöhnung. Sie entspricht besonders der fünften Vaterunserbitte: „Vergib uns unsere Schuld, wie auch wir vergeben."

Lied (Schlusslied)

Das abschließende Lied ist eine gesungene Bitte um die Begleitung Gottes in den Alltag:

- Ich möcht', dass einer mit mir geht (EG 209/modernes Liedgut)
- Vertraut den neuen Wegen (EG 395/modernes Liedgut)
- Gott, dein guter Segen (modernes Liedgut)
- Bewahre uns, Gott (EG 171/in GL-Anhängen)
- Wenn wir jetzt weitergehen (GL 514/EG 168, Verse 4–6)

Prüfen Sie aber auch die schon vorher gesungenen Lieder. Oftmals eignet sich eine der Strophen (zumeist die letzte) sehr gut als Schlusslied. Dadurch haben Sie den Effekt, dass die Melodie nun schon bekannt ist und allseits mitgesungen werden kann.

Soll am Schluss ein Kanon stehen, so bieten sich an:

- Ausgang und Eingang (EG 175, auch in der kath. Kirche bekannt)
- Der Friede des Herrn geleite euch (aus Israel/EG 434)
- Es segne und behüte uns (EG 174)
- Erd und Himmel klinge (EG-Anhang)
- Herr, gib uns deinen Frieden (in GL-Anhängen/EG 436)

Segen

Erst seit dem 11. Jahrhundert beschließt ein allgemeiner Segen jeden christlichen Gottesdienst. Es war und ist in der katholischen Kirche in erster Linie der „Trinitarische Segen". Die Silbe „tri" heißt „drei"; dies ist also der Segen des „Drei-einigen Gottes":

*Es segne und behüte euch
der allmächtige und barmherzige Gott,
der Vater, der Sohn und der Heilige Geist!*

Die trinitarische Formulierung ist in der evangelischen Kirche durchaus auch gebräuchlich. Doch vorherrschend ist hier der „Aaronitische Segen", den Martin Luther vorschlug. Er ist benannt nach dem Mosebruder Aaron, aus dem 4. Buch Mose:

*Der Herr segne dich und behüte dich;
der Herr lasse sein Angesicht leuchten über dir und sei dir gnädig;
der Herr hebe sein Angesicht über dich und gebe dir Frieden!*

Der Segen verdeutlicht, dass wir Menschen nicht alles von uns selbst erwarten müssen, sondern dass hinter allen Dingen ein Geber steht, auf den wir vertrauen dürfen. Unter seinen Schutz, seine Kraft und seinen Herrschaftsbereich werden wir nun ausdrücklich gestellt.

Den Segen empfängt man im Auftrag Gottes durch die Geistlichen. Lassen Sie es an sich geschehen, es macht keinen Sinn, dazu oder danach noch selbst Erklärungen oder Informationen anzufügen. Es macht aber (bei evangelischen und katholischen Christen gleichermaßen) Sinn, wenn die Gottesdienstteilnehmer/-teilnehmerinnen sich beim Segen selbst bzw. gegenseitig bekreuzigen oder dem Mitmenschen die Hand auf die Schulter legen. Vielleicht mögen Sie dies zumindest bei den Kindern tun.

Den abschließenden Segen sollte man so stehen und wirken lassen. Es folgt danach lediglich das musikalische Nachspiel. Hat man noch Informationen an die versammelte Schar weiterzugeben, so tue man dies schon vor dem Segen.

Musikalisches Nachspiel

Im sonntäglichen Gottesdienst lädt das musikalische Nachspiel entweder zur stillen Schlussbesinnung ein, bei der alle noch auf den Plätzen sitzen bleiben, oder es begleitet die Menschen auf dem Weg hinaus. Bei Taufgottesdiensten findet zum Nachspiel zumeist der feierliche Auszug der

Geistlichen und der Familie statt. Es ist also „Prozessionsmusik". Wenn nicht anders abgesprochen, so erkennen Sie an der Haltung der Geistlichen, ob sie nun noch still verweilen oder sich zum Auszug aufmachen.

Kollekte / Dankopfer

Zu den Gottesdiensten der frühen Christenheit brachte man Lebensmittel mit, die dann an die Armen verteilt wurden. Daraus wurde im Laufe der Zeit die Geldspende, die am Ausgang oder während der Feier für Bedürftige bzw. für einen guten Zweck eingesammelt wird. Sie zeigt, dass zum Christsein das Teilen gehört. Gerade bei diesem Freudenfest darf diese Geste der Mitmenschlichkeit und Verantwortung nicht fehlen. Informieren Sie sich schon beim Taufgespräch, für welchen Zweck die Sammlungsgelder bestimmt sind. Klären Sie, ob Sie Zwecke benennen können; auch die Kirchengemeinde selbst wird Vorschläge machen. Falls Sie ein Ablaufblatt/Liedblatt gestalten, so schreiben Sie auf dieses auch den Zweck der Sammlung.

ANHANG

Taufsprüche

Immer wieder wurde die Bibel übersetzt und stets neu nach passenden Worten in der deutschen Sprache gesucht. So ergibt es sich, dass ein und dieselbe Bibelstelle ganz unterschiedlich „klingen" kann. Ich habe bei der folgenden Liste daher verschiedene Übersetzungen zum Vergleich angeführt. An der Zahl in der Klammer erkennen Sie, woher der Text stammt. (1) steht für die Einheitsübersetzung, (2) für die „Gute Nachricht", (3) für die Lutherbibel in der revidierten Version von 1984. Beachten Sie auch das Kapitel „Die Auswahl des Taufspruches" im ersten Teil dieses Buches.

1. Mose 12,2: *Ich werde dich segnen und deinen Namen groß machen. Ein Segen sollst du sein. (1)*
1. Mose 12,2: *Ich will dich segnen. An dir soll sichtbar werden, was es bedeutet, wenn ich jemand segne. (2)*
1. Mose 24,40: *Gott, der Herr, wird dir seinen Engel mitschicken und deine Reise gelingen lassen. (1)*
1. Mose 24,40: *Der Herr, vor dem ich wandle, wird seinen Engel mit dir senden und Gnade zu deiner Reise geben. (3)*
1. Mose 26,24: *Fürchte dich nicht, denn ich bin mit dir. Ich segne dich. (1)*
2. Mose 23,20: *Ich werde einen Engel schicken, der dir vorausgeht. Er soll dich auf dem Weg schützen und dich an den Ort bringen, den ich bestimmt habe. (1)*
2. Mose 23,20: *Siehe, ich sende einen Engel vor dir her, der dich behüte auf dem Wege und dich bringe an den Ort, den ich bestimmt habe. (3)*
2. Mose 33,2: *Gott spricht: Ich sende einen Engel, der dir vorangeht, und ich vertreibe alle deine Feinde. (1)*
2. Mose 33,2–3: *Ich will vor dir her senden einen Engel ... und will dich bringen in das Land, darin Milch und Honig fließt. (3)*
4. Mose 6,25–26: *Der Herr lasse sein Angesicht über dich leuchten und sei dir gnädig. Der Herr wende sein Angesicht dir zu und schenke dir Heil. (1)*
4. Mose 6,25–26: *Der Herr blicke dich freundlich an und schenke dir seine Liebe! Der Herr wende dir sein Angesicht zu und gebe dir Glück und Frieden! (2)*
4. Mose 6,25–26: *Gott lasse sein Angesicht leuchten über dir und sei dir gnädig; er hebe sein Angesicht über dich und gebe dir Frieden. (3)*
Josua 1,5: *Niemand wird dir Widerstand leisten können, solange du lebst. Wie ich mit Mose war, will ich auch mit dir sein. Ich lasse dich nicht fallen und verlasse dich nicht. (1)*
Josua 1,5: *Kein Feind wird sich gegen dich behaupten können; denn ich werde dir dein Leben lang zur Seite stehen, genauso wie ich Mose zur Seite gestanden habe. Niemals werde ich dir meine Hilfe entziehen, nie dich im Stich lassen. (2)*
Josua 1,9: *Sei mutig und stark! Fürchte dich also nicht, und hab keine Angst; denn der Herr, dein Gott, ist mit dir bei allem, was du unternimmst. (1)*
Josua 1,9: *Ich sage dir: Sei mutig und entschlossen! Hab keine Angst, und lass dich durch nichts erschrecken; denn ich, der Herr, dein Gott, bin bei dir, wohin du auch gehst! (2)*

Josua 1,9: *Siehe, ich habe dir geboten, dass du getrost und unverzagt seist. Lass dir nicht grauen und entsetze dich nicht; denn der Herr, dein Gott, ist mit dir in allem, was du tun wirst. (3)*
1. Samuel 16,7: *Ein Mensch sieht, was vor Augen ist; der Herr aber sieht das Herz an. (1)*
Psalm 23,5–6: *Gott deckt dir den Tisch vor den Augen deiner Feinde. Er salbt dein Haupt mit Öl. Lauter Güte und Huld werden dir folgen dein Leben lang, und im Haus des Herrn darfst du wohnen für lange Zeit. (1)*
Psalm 23,6: *Gott, deine Güte und Liebe umgeben mich an jedem neuen Tag; in deinem Haus darf ich nun bleiben mein Leben lang. (2)*
Psalm 23,6: *Gutes und Barmherzigkeit werden mir folgen mein Leben lang, und ich werde bleiben im Hause des Herrn immerdar. (3)*
Psalm 27,1: *Der Herr ist mein Licht und mein Heil: Vor wem sollte ich mich fürchten? Der Herr ist die Kraft meines Lebens: Vor wem sollte mir bangen? (1)*
Psalm 27,1: *Der Herr ist mein Licht, er befreit mich und hilft mir; darum habe ich keine Angst. Bei ihm bin ich sicher wie in einer Burg; darum zittere ich vor niemand. (2)*
Psalm 32,10: *Wer Gottes Gebote missachtet, schafft sich viel Kummer; aber wer dem Herrn vertraut, wird seine Güte erfahren. (2)*
Psalm 36,8: *Deine Liebe ist unvergleichlich. Du bist unser Gott, du breitest deine Flügel über uns und gibst uns Schutz. (2)*
Psalm 36,8: *Wie köstlich ist deine Güte, Gott, dass Menschenkinder unter dem Schatten deiner Flügel Zuflucht haben! (3)*
Psalm 50,15: *Rufe mich an am Tag der Not; dann rette ich dich, und du wirst mich ehren, spricht der Herr, dein Gott. (1)*
Psalm 50,15: *Gott spricht: Bist du in Not, so rufe mich zu Hilfe! Ich werde dir helfen, und du wirst mich preisen. (2)*
Psalm 73,23: *Und dennoch gehöre ich zu dir! Du hast meine Hand ergriffen und hältst mich. (1)*
Psalm 73,23: *Dennoch bleibe ich stets an dir; denn du hältst mich bei meiner rechten Hand. (3)*
Psalm 91,11: *Gott hat seinen Engeln befohlen, dich zu beschützen, wohin du auch gehst. (1)*
Psalm 91,11: *Der Herr hat seinen Engeln befohlen, dass sie dich behüten auf allen deinen Wegen. (3)*
Psalm 119,105: *Dein Wort ist meinem Fuß eine Leuchte, ein Licht für meine Pfade. (1)*
Ps 119,105: *Dein Wort ist eine Leuchte für mein Leben, es gibt mir Licht für jeden nächsten Schritt. (2)*
Psalm 119,105: *Dein Wort ist meines Fußes Leuchte und ein Licht auf meinem Wege. (3)*
Psalm 121,3: *Gott lässt deinen Fuß nicht wanken; er, der dich behütet, schläft nicht. (1)*
Psalm 121,3: *Gott wird deinen Fuß nicht gleiten lassen, und der dich behütet, schläft nicht. (3)*
Psalm 127,3: *Kinder sind eine Gabe des Herrn, die Frucht des Leibes ist sein Geschenk. (1)*
Psalm 127,3: *Kinder sind ein Geschenk des Herrn, mit ihnen belohnt er die Seinen. (2)*
Sprüche 11,30: *Wer Gott gehorcht, dessen Tun hilft anderen zum Leben. Wer klug und weise ist, gewinnt Menschen für sich. (2)*
Sprüche 16,1: *Ein Mensch denkt sich manches aus, aber das letzte Wort dazu spricht Gott. (2)*
Jesaja 40,31: *Die aber, die dem Herrn vertrauen, schöpfen neue Kraft, sie bekommen Flügel wie Adler. Sie laufen und werden nicht müde, sie gehen und werden nicht matt. (1)*
Jesaja 40,31: *Aber alle, die auf Gott vertrauen, bekommen immer wieder neue Kraft, es wachsen ihnen Flügel wie dem Adler. Sie gehen und werden nicht müde, sie laufen und brechen nicht zusammen. (2)*
Jesaja 40,31: *Die auf den Herrn harren, kriegen neue Kraft, dass sie auffahren mit Flügeln wie Adler, dass sie laufen und nicht matt werden, dass sie wandeln und nicht müde werden. (3)*
Jesaja 43,1: *Jetzt spricht dein Gott: Fürchte dich nicht, denn ich habe dich ausgelöst, ich habe dich beim Namen gerufen, du gehörst mir. (1)*

Jesaja 43,1: *Jetzt sagt der Herr, der dich ins Leben gerufen hat: Fürchte dich nicht, ich befreie dich! Ich habe dich bei deinem Namen gerufen, du gehörst mir! (2)*
Jesaja 43,1: *Und nun spricht der Herr, der dich geschaffen hat: Fürchte dich nicht, denn ich habe dich erlöst; ich habe dich bei deinem Namen gerufen; du bist mein! (3)*
Jesaja 46,4: *Gott verspricht dir: Ich bleibe derselbe, so alt du auch wirst, bis du grau wirst, will ich dich tragen. Ich habe es getan, und ich werde dich weiterhin tragen, ich werde dich schleppen und retten.*
Jes 49,15–16: *Gott spricht: Ich vergesse dich nicht. ... Ich habe dich eingezeichnet in meine Hände. (1)*
Jesaja 54,10: *Auch wenn die Berge von ihrem Platz weichen und die Hügel zu wanken beginnen – meine Huld wird nie von dir weichen und der Bund meines Friedens nicht wanken, spricht der Herr, der Erbarmen hat mit dir. (1)*
Jesaja 54,10: *Berge mögen von ihrer Stelle weichen und Hügel wanken, aber meine Liebe zu dir kann durch nichts erschüttert werden, und meine Friedenszusage wird niemals hinfällig. Das sagt der Herr, dein Gott, der dich liebt. (2)*
Matthäus 7,7: *Bittet, dann wird euch gegeben; sucht, dann werdet ihr finden; klopft an, dann wird euch geöffnet. (1)*
Matthäus 18,4–5: *Wer es auf sich nimmt, vor den Menschen so klein und unbedeutend dazustehen wie dieses Kind, der ist in der neuen Welt Gottes der Größte. Und wer einen solchen Menschen in meinem Namen aufnimmt, der nimmt mich auf. (2)*
Matthäus 18,4–5: *Wer nun sich selbst erniedrigt und wird wie dies Kind, der ist der Größte im Himmelreich. Und wer ein solches Kind aufnimmt in meinem Namen, der nimmt mich auf. (3)*
Markus 12,30–31: *Du sollst den Herrn, deinen Gott, lieben mit ganzem Herzen und ganzer Seele, mit all deinen Gedanken und all deiner Kraft. Als Zweites kommt hinzu: Du sollst deinen Nächsten lieben wie dich selbst. Kein anderes Gebot ist größer als diese beiden. (1)*
Johannes 8,12: *Jesus Christus spricht: Ich bin das Licht der Welt. Wer mir nachfolgt, wird nicht in der Finsternis umhergehen, sondern wird das Licht des Lebens haben. (1)*
Johannes 8,12: *Jesus sprach: Ich bin das Licht für die Welt. Wer mir folgt, tappt nicht mehr im Dunkeln, sondern hat das Licht und mit ihm das Leben. (2)*
Römer 8, 38–39: *Ich bin gewiss: Weder Tod noch Leben, weder Engel noch Mächte, weder Gegenwärtiges noch Zukünftiges, weder Gewalten der Höhe oder Tiefe noch irgendeine andere Kreatur können uns scheiden von der Liebe Gottes, die in Christus Jesus ist, unserem Herrn. (1)*
Römer 8, 38–39: *Ich bin ganz sicher, dass nichts uns von Gottes Liebe trennen kann: weder Tod noch Leben, weder Engel noch Dämonen, noch irgendwelche gottfeindlichen Mächte, weder Gegenwärtiges noch Zukünftiges, weder Himmel noch Hölle. Nichts in der ganzen Welt kann uns jemals trennen von der Liebe Gottes, die uns verbürgt ist in Jesus Christus, unserem Herrn. (2)*
1. Korinther 13,13: *Auch wenn alles einmal aufhört – Glaube, Hoffnung und Liebe nicht. Diese drei werden immer bleiben; doch am höchsten steht die Liebe. (2)*
1. Timotheus 6,11: *Strebe unermüdlich nach Gerechtigkeit, Frömmigkeit, Glauben, Liebe, Standhaftigkeit und Sanftmut. (1)*
1. Timotheus 6,11: *Du aber gehörst Gott, deshalb fliehe vor Habgier! Jage dagegen der Gerechtigkeit nach, der Gottesfurcht, dem Glauben, der Liebe, der Geduld und der Freundlichkeit! (2)*
2. Timotheus 1,7: *Gott hat dir nicht einen Geist der Verzagtheit gegeben, sondern den Geist der Kraft, der Liebe und der Besonnenheit. (1)*
1. Johannes 3,18: *Meine lieben Kinder, unsere Liebe darf nicht nur aus schönen Worten bestehen. Sie muss sich in Taten zeigen, die der Wahrheit entsprechen: der Liebe, die Gott uns erwiesen hat. (2)*
1. Johannes 4,16: *Wir haben erkannt und halten im Glauben daran fest, dass Gott uns liebt. Gott ist Liebe. Wer in der Liebe lebt, lebt in Gott, und Gott lebt in ihm. (2)*

Klären Sie mit Ihren Geistlichen, inwieweit ein Zitat, das nicht aus der Bibel stammt, als Taufspruch gewählt werden kann. Lesen Sie dazu das Kapitel „Die Auswahl eines Taufspruches" (S. 20–22).

Jedes Kind bringt die Botschaft, dass Gott die Lust am Menschen noch nicht verloren hat. (Rabindranath Tagore)

Wo Kinder sind, da ist ein goldenes Zeitalter. (Novalis)

Mit einer Kindheit voll Liebe kann man ein ganzes Leben lang aushalten. (Jean Paul)

Die Menschen haben diese Wahrheit vergessen: Du bist zeitlebens für das verantwortlich, was du dir vertraut gemacht hast. (Antoine de Saint-Exupéry)

Ein Mensch sieht nur mit dem Herzen gut, alles Wesentliche ist dem Auge verborgen. (Antoine de Saint-Exupéry)

Denke nicht, du könntest der Liebe Lauf lenken; denn die Liebe lenkt deinen Lauf. (Khalil Gibran)

Das Lebensglück erblüht nur in Zärtlichkeit. (Roger Moser)

Gott will sicher nicht, dass wir grau werden sollen in Berufen und schleichen wie die Kröten und kleinen Kriechtiere in der Lagune. Er will, dass wir stolz und aufrecht bleiben in allem Tun und immer ein Mensch mit fröhlichen Augen und fließenden Gliedern. (Aus: Der Papalagi – Reden des Häuptlings Tuiavii)

Alle Liebe, die einmal gesät wird, geht einmal auf. Es ist nichts umsonst. (Gertrudis Reimann)

Vielleicht ist der Sinn der Schöpfung das, was man so schwer verständlich als Liebe umschreibt: das Schenken, das Verzeihen, die Güte, die Überraschung, die gute Botschaft. (Friedrich Weinreb)

Liebe ist, den anderen gelten zu lassen, so wie er ist, wie er war und wie er sein wird. (Michael Quoist)

Wir können Kinder nicht nach unserem Sinne formen; so wie Gott sie uns gab, so muss man sie haben und lieben. (Johann Wolfgang von Goethe)

Wünsche, Versprechen, Hoffnungstexte

Sie finden hier zu den einzelnen Kapiteln Texte. Dies sind zusätzliche Texte, sie passen ebenfalls zu den verschiedenen Elementen des Taufgottesdienstes. Sie sind zum Vorlesen, beim Gottesdienst oder bei der Feier, einzeln oder im Wechsel. Man kann sie auf eine Grußkarte schreiben oder ins Erinnerungsalbum.

Dass du nicht verloren gehst (Versprechen einer Patin/eines Paten)

Deine Patin bin ich nun.

Eine Partnerin werde ich dir sein, wenn du dich alleine fühlst,
eine Lehrerin, wenn du Neues lernen möchtest,
eine Zuhörerin, wenn Sorgen dich plagen,
eine Ratgeberin, wenn du nicht weiterweißt.

Deine Patin bin ich nun.

Aufdrängen werde ich mich dir nicht.
Ich werde mich von dir finden lassen, wenn du mich suchst,
werde dich hören, wenn du mich rufst,
werde dir beistehen, wenn du mich brauchst.

Deine Patin bin ich nun.

Diesen Auftrag übernehme ich gern,
beauftragt heute vom liebenden, allmächtigen Gott,
unterstützt von dem, der nicht möchte,
dass du je verloren gehst.

Immer soll jemand da sein (Versprechen einer Patin/eines Paten)

Immer soll jemand da sein,
der an dich glaubt, getauftes Menschenkind.

Ich jedenfalls werde nicht an dir zweifeln,
welche Ziele du dir auch setzt,
was immer du dir vornimmst.
Wie könnte ich anders,
als vertrauensvoll an dich zu glauben,
wo doch der allmächtige Gott
dir die Wege ebnet!

Immer soll jemand da sein,
der mit dir hofft, getauftes Menschenkind.
Ich jedenfalls werde dich nicht allein lassen,
was immer du erträumst,
wie unsicher die Zukunft auch sein mag.
Wie könnte ich anders,
als grenzenlos mit dir zu hoffen,
wo doch der zuverlässige Gott
dich fest an seiner Hand hält!

Immer soll jemand da sein,
der dich über alles liebt, getauftes Menschenkind.
Ich jedenfalls werde dich nicht aus dem Herzen verlieren,
was immer auch geschieht,
welche Wege du auch gehst.
Wie könnte ich anders,
als dich bedingungslos zu lieben,
wo doch der zärtliche Gott
dich heute in sein Herz schließt.

Das kann ich dir versprechen (Versprechen einer Patin/eines Paten)

Das verspreche ich dir gern
im Angesicht Gottes und vor all diesen Zeugen:
Wenn keiner dich tröstet,
kannst du bei mir weinen.
Wenn keiner dich trägt,
darfst du dich bei mir niederlassen.

Wenn keiner deine Lasten teilt,
nehme ich auf mich, was dir zu schwer ist.
Wenn keiner dir Mut macht,
darfst du auf mich bauen.
Wenn niemand dir Grenzen setzt,
musst du mit mir rechnen.
Das kann ich dir versprechen.
Das verspreche ich dir gern,
denn Gott und all diese Zeugen
erwarten mit Recht von mir,
dir ein guter Pate zu sein.

Er ist da! (Zuspruch einer Patin/ eines Paten)

(Der dich beim Namen ruft, kommt in diesem Wasser zu dir.)
Wenn du am meisten jemanden brauchst,
dann darfst du wissen: Er ist da.
Er ist da, der dich beim Namen ruft.

Er ist es, der dich an der Hand hält.
Er ist es, der dich in den Arm nimmt.
Er ist es, der dich streichelt, der dich an sich drückt.
Er ist es, der dich tröstet und trägt.

Wenn du am meisten jemanden brauchst,
dann darfst du wissen: Er ist da.
Er ist da, der dich beim Namen ruft.

Er ist es, der dir Mut zuspricht.
Er ist es, der dich durch tiefe Täler
und über hohe Berge führt.
Er ist es, der dir Licht macht
und dich doch vor der Dunkelheit nicht verschont.

Wenn du am meisten jemanden brauchst,
dann darfst du wissen: Er ist da.
Er ist da, der dich beim Namen ruft.

(Der dich beim Namen ruft, kam in diesem Wasser zu dir.)
Damit du das nicht vergisst,
werde ich ein Stück deines Lebensweges mit dir gehen.
Ich werde dich erinnern,
werde es dir sagen, werde es dir zeigen, werde es dir vorleben:
Er ist da, dein Gott, der dich beim Namen ruft.

Geh deinen Weg! (Zuspruch durch Paten oder Eltern)

Geh nun deinen Weg!
Ich werde dich begleiten!
Ich werde dir helfen, es zu glauben,
dass du nie alleine bist.

Irgendwann wirst du dich losreißen;
irgendwann werde ich dich loslassen;
irgendwann willst du alleine weitergehen;
irgendwann werden wir uns verlassen müssen;
irgendwann musst du allein weitergehn.
Unsere Zeit ist begrenzt.
Alles hat seine Zeit.

Immer wird er mit dir gehn;
immer wird er dich halten;
immer wird er bei dir sein;
nie musst du allein weitergehn.
Seine Zeit kennt keine Grenzen.
Er ist die Zeit.

Geh nun deinen Weg!
Ich werde dich begleiten!
Ich werde dir helfen, es zu glauben,
dass du nie alleine bist.

Ich bin gewiss (Glaubensbekenntnis eines Paten/einer Patin)

Ich möchte gern dein Pate sein.
Kann ich diesen Auftrag erfüllen?
Mit manchen Schwächen nur.

Ich kenne nicht alle Geschichten der Bibel,
bei weitem nicht.
In der Kirche sieht man mich selten;
ich kann nicht versprechen, dass sich das ändern wird.
Ob ich ein gläubiger Mensch bin?
Ich kann das nicht beantworten,
in mir ist auch sehr viel Zweifel.

Ich möchte gern dein Pate sein.
Kann ich dir etwas mitgeben?
Von meiner Gewissheit sehr viel!

Ich bin gewiss,
dass Gottes Schöpferkraft kreativer ist
als alle menschliche Fantasie zusammengenommen.
Ich bin gewiss,
dass Gottes Liebe stärker ist, reiner und endloser
als jede Liebe, die ein Mensch sich erträumen kann.
Ich bin gewiss,
dass Gottes Kraft auch heute noch in dieser Welt wirkt.
Ich bin gewiss,
dass dieser lebendige Geist Menschen so sehr in Bewegung bringt,
dass sie gegen alle Einfallslosigkeit immer wieder Neues schaffen,
dass sie gegen den wachsenden Hass bedingungslos lieben,
dass sie gegen die lähmende Trägheit täglich neu
lebendig werden können.
Ich möchte gern dein Pate sein.
Was kann ich tun für dich?
Erzählen möchte ich dir von dieser Gewissheit,
vorleben möchte ich dir diese Hoffnung.
Ich möchte gern dein Pate sein.

Eltern, Freunde und Engel (Wünsche für das Kind)

(Nach einem alten Sprichwort; im Wechsel zu lesen)

I. Eltern hat man,
denn Eltern braucht man.
Eltern braucht ein jedes Kind.
II. Das Vertrauen, das Eltern geben,
trägt durch ein ganzes Leben.
I. Eltern hast du!
Wir danken mit dir dafür.

I. Freunde muss man finden,
denn Freunde braucht man.
Freunde braucht ein jedes Kind.
II. Freunde, um zu teilen, das Hab und das Gut,
die Freude und die Traurigkeit.
I. Freunde wirst du finden,
wir suchen mit dir danach.

I. Engel bekommt man geschenkt,
denn Engel braucht man.
Engel braucht ein jedes Kind.
II. Gott hat seinen Engeln befohlen,
dass sie dich behüten auf allen deinen Wegen.
I. Engel bekommst du geschenkt.
Wir bitten mit dir darum.

II. Wenn die Eltern mal versagen,
wenn die Freunde mal enttäuschen,
wenn die Engel mal verborgen bleiben,
so lass dich davon nicht abhalten zu danken, zu suchen, zu bitten;
denn Eltern hast du, Freunde wirst du finden.
Engel bekommst du geschenkt.

Du bist mein Kind (Dankesworte einer Mutter)

Du bist mein Kind.
Doch da ist einer, dessen Kind du noch mehr bist.

Ich kenne dich wie niemand sonst,
denn neun Monate habe ich dich in mir getragen,
und da ist einer, der kennt dich noch besser,
denn du kommst aus seiner Ewigkeit.
Ich trage dich, bis du selbst laufen lernst,
er trägt dich durch das Leben.
Ich halte dich, solange meine Kräfte reichen,
er lässt dich nie los.

Bevor ich wusste, dass es dich geben wird, warst du schon sein Kind.
Ich werde dich begleiten, solange ich kann,
er begleitet dich bis in die Ewigkeit.
Ich gebe dich gern an seine Hand, ohne Eifersucht, ohne Argwohn,
nur mit Vertrauen, nur mit Hoffnung und in aller Liebe.

Du bist mein Kind und ich danke ihm, dessen Kind du bleibst,
für dieses Geschenk, mein Kind.

Herr, Deine Güte (Psalmgebet/Lobpreis)

Herr, deine Güte reicht, so weit der Himmel ist,
deine Treue, so weit die Wolken ziehen.

Wir loben dich und preisen dich.

Du hast unseren kleinen Liebling
geleitet durch die Ewigkeit,
behütet im Leib der Mutter,
zärtlich in die Welt geschickt.
Unter deiner schützenden Hand darf er nun weitergehen.

Wir loben dich und preisen dich.
Deine Gerechtigkeit ist fest wie ein Berg
und deine Urteile, großer Gott, sind tief wie das Meer.
So kann unser Kind jedem Unrecht sicher entgegentreten
und falsche Urteile braucht es nicht zu fürchten.

Wir loben dich und preisen dich.
Du, Gott, bist die Quelle des Lebens,
du bist das Licht, das Helligkeit gibt.

So dürfen wir gemeinsam glücklich sein,
und auf all unseren Wegen werden wir Licht am Horizont sehen.

Wir loben dich und preisen dich.

Glauben, hoffen, fühlen (ein Glaubensbekenntnis)

Ich glaube,
dass die Schöpfung einen Sinn hat,
dass eine Ordnung in allem Sein ist,
dass alles gut ist.

Ich glaube,
dass diese Welt von einer Macht gehalten wird,
die ich Gott nennen kann,
den Vater und Schöpfer, den Ursprung allen Seins.

Ich weiß,
dass nicht Äußerlichkeiten einen Menschen ausmachen,
dass es möglich ist, gegen den Strom zu schwimmen,
gegen den Hass zu lieben, gegen die Vorurteile Vertrauen zu säen,
gegen das Böse Gutes zu reden, gegen die Anklagen zu entschuldigen.

Ich weiß,
dass man dies immer wieder neu lernen kann
von einen Mann namens Jesus aus Nazareth,
wahrer Mensch, wirklicher Gott, lebendig gewordene Liebe.

Ich spüre,
dass die Kraft des Schöpfers
weiterhin wirkt in dieser Welt,
dass der Hauch Gottes lebendig ist,
dass wahres Leben möglich ist gegen allen Tod.

Ich spüre,
dass ich lieben kann, weil mir Liebe gegeben ist,
die alles durchzieht wie ein unsichtbarer Geist,
Geist Gottes, Heiliger Geist.

Das braucht ein Kind (ein Mutmachtext)

Zuhörer braucht ein Kind.

Zuhörer braucht es, wenn es berichten will,
wenn es schwärmen will,
wenn es klagen will, aufschreien oder weinen:
von seinen Erfolgen, den alltäglichen und den besonderen,
von seinen Sehnsüchten im Herzen und im Geist,
über seine Träume bei Tag und bei Nacht,
über seine Freuden, die stillen und die überschwänglichen,
von seinen Hoffnungen für sich und die Menschen, die es liebt,
von seinen Geheimnissen,
den echten und denen, die keine sein sollten,
über seine Sorgen, die großen oder kleinen,
über seine Verletzungen an Körper oder Seele,
gegen die Ungerechtigkeiten an sich und seinen Freunden,
von seinen Misserfolgen, den öffentlichen und den geheimen.

Erzähler braucht ein Kind.

Erzähler braucht es, die ihm berichten:
von den Freuden, die Gott schenkt,
von den Verletzungen, die er heilt,
von den Wunden, die er verbindet,
von den Wünschen, die er erfüllt,

von dem Leid, das er mit trägt,
von den Sehnsüchten, die er stillt,
von den Träumen, die er verwirklicht,
von seinem Aufschrei gegen Ungerechtigkeit
und wie er das Böse verurteilt.

Wirkliche Zuhörer und wahre Erzähler braucht ein Kind,
in einer Welt voll tauber Ohren,
in einer Zeit des leeren Geschwätzes.

Was wird sein ? (ein Aufruf)

Was wird sein in der Welt dieses Menschenkindes?
Es wird viel los sein.
Hoffnungslos wird viel sein,
hilflos wird sein und heimatlos,
arbeitslos wird sein.
Los wird viel sein!

Wortlos wird zu viel sein,
ziellos wird zu viel sein,
wertlos wird zu viel sein,
obdachlos, atemlos, vaterlos, mutterlos, kindlos.
Endlos wird manche Qual sein.

Was wird sein in der Welt dieses Menschenkindes?
Wird es ein Fest sein für die,
die davon leben, dass viel los ist?

Weil du Verantwortung hast für dieses Menschenkind,
verdirb immer wieder mal ein Fest.

Gib ein Wort, gib eine Hand, gib Obdach.
Sei Vater, sei Mutter, sei Kind,
gib Wert, gib Zeit, gib Hoffnung.
Dann wird ein Fest sein.

Was wird sein in der Welt dieses Menschenkindes?
Das wird daran liegen, was du bereit bist zu geben!

Liebes Patenkind (Brief einer Patin/eines Paten)

Liebe Saskia,

diesen Brief schreibe ich Dir schon jetzt, wo Du noch ein Baby bist.

Er soll bei Deinen Taufunterlagen liegen. Sobald Du ihn verstehen kannst, wird man ihn Dir vorlesen, an der jährlichen Feier Deines Tauftags vielleicht. Später wirst Du ihn dann selbst lesen können. Auch ich habe mir eine Kopie gemacht, damit sie mich immer wieder daran erinnert, was ich Dir heute, am Tag Deiner Taufe, verspreche.

Sicherlich wirst Du Dich freuen, wenn ich Dir zu besonderen Gelegenheiten ein kleines Geschenk machen werde, zu Weihnachten, am Geburtstag oder an Deinem Tauftag. Ich werde diese Anlässe nicht vergessen. Doch Dein Pate zu sein bedeutet für mich mehr, als Dir Geschenke zu machen. Und ich würde mich freuen, wenn Du das ähnlich sehen kannst. Ich möchte jemand sein, der an Dich denkt, Dich mit guten Worten und Gedanken unterstützt. Ich möchte beten für Dich. Ich möchte mich mit Dir freuen, wenn Du glücklich bist, und Dich trösten, wenn Du traurig bist. Es wird sicherlich Tage in Deinem Leben geben, an denen Du Dich ganz allein fühlst; rufe mich, wenn Du mich brauchst. Ich werde Dich verstehen und unterstützen. Wenn Menschen schlecht über Dich reden, bin ich bereit, Dich zu entschuldigen. Wenn man Dich angreift, habe ich den Mut, Dich zu verteidigen. Wenn man Böses redet, werde ich das Gute betonen. Ich werde mit Dir hoffen, mit Dir schweigen und Deine Traurigkeiten verstehen. Erinnere mich an meine Versprechen, wenn Du den Eindruck hast, dass ich Dich mal vergessen habe. Wenn Du völlig falsche Wege gehst, werde ich versuchen, bessere Möglichkeiten mit Dir zu finden. Wenn Du Dich zu sehr verrennst, werde ich versuchen, Dich zu stoppen. Meine Liebe zu Dir wird auch darunter nicht leiden.

Gott hat am heutigen Tauftag zugesagt, Dich bedingungslos und für alle Zeit zu lieben. Das gibt auch mir als Dein Pate den Auftrag und die Kraft, bedingungslos auf Deiner Seite zu stehen. Menschliche Liebe ist nie so fehlerlos wie Gottes Liebe; verzeih mir, wenn ich mal Schwächen zeige. Selbst an einem freudigen Tag wie heute darf man daran denken, dass man nicht ewig lebt. Gott wird auch mich zu sich zurückrufen. Irgendwann werde ich mal nicht mehr für Dich da sein können. Dann werde ich mein Patenamt dankbar in Gottes Hand zurückgeben. Ich wünsche mir, dass wir bis dahin noch viele schöne Erlebnisse haben werden, Du und ich, jeder für sich und wir gemeinsam – als Pate und Patenkind.

Dein Pate Klaus

Biblische Erzählungen

Zur Verwendung biblischer Erzählungen im Gottesdienst beachten Sie bitte auch das Kapitel „Biblische Lesung" (S. 53–55) im Abschnitt „Verkündigung".

Mit der folgenden Nacherzählung aus dem 1. Buch Mose blicke ich weit zurück. Diese Geschichte führt uns zu den Anfängen des Glaubens an den einen allmächtigen Gott. Wir sind Nachkommen dieses Mannes, der hier Gottes Segen empfängt. So sind auch wir gesegnet und geben Gottes Segen an unsere Kinder und Kindeskinder.

Seit seiner Geburt hatte Abraham seine Heimat niemals verlassen. Nun war er ein alter Mann geworden. Da hörte er eines Tages, wie Gott ihm zurief: „Abraham, geh fort! Verlasse alles Vertraute, dein Vaterhaus, die Heimat, deine Verwandten und Freunde. Ich will dich segnen, und du wirst Segen in die Welt bringen, durch deine Kinder und Kindeskinder. Alle Völker der Welt werden meinen Segen spüren. Darum geh nun, ich werde dich führen und begleiten." So machte er sich auf einen unbekannten Weg. Seine Frau Sara war bei ihm, und auch der Sohn seines Bruders, Lot, zog mit. Es war ein beschwerlicher Weg durch die Wüste. Manchmal stand Abraham des Nachts vor seinem Zelt und rief zum Himmel: „Wo bist du, Gott, der du mich auf den Weg geschickt hast? Wohin führst du mich?" – „Sei getrost", antwortete Gott, „ich bin bei dir, ich werde dich nicht verlassen." Das Land, das Abraham schließlich erreichte, war längst

bewohnt. Es gab dort keinen Platz für ihn. So zog er weiter. „Mein Gott", rief er in den Nachthimmel, „was mutest du mir zu? Wo ist das Land, in dem ich mich niederlassen kann? Du hast mir Kinder und Enkelkinder versprochen. Doch ich habe nicht einmal einen Sohn, und wir, meine Sara und ich, sind alt." Gott antwortete: „Sieh die Sterne am Himmel. So viele Nachkommen, wie Sterne am Himmel stehen, will ich dir schenken, Kinder, Enkel, Urenkel, Ur-Urenkel. Und du wirst ein Segen für sie sein." Abraham vertraute auf die Worte Gottes; und Gott hielt seine Versprechen bis zum heutigen Tag.

Auch die folgende biblische Geschichte, die Heilung am Teich Betesda, biete ich Ihnen hier in einer freien Nacherzählung an. Den Text, wie er wörtlich überliefert ist, können Sie selbst in der Bibel nachschlagen. Sie finden ihn im Evangelium des Johannes im fünften Kapitel:

Wir Menschen leben oft Jahre, Jahrzehnte oder gar ein Leben lang mit unerfüllten Hoffnungen und Sehnsüchten. Oftmals warten wir vergeblich auf falsche Wunder. Die Bibelstelle von der Heilung am Teich Betesda zeigt, dass sich sogar schlagartig etwas ändern kann, wenn Gott in unser Leben tritt. Gerne geben wir deshalb heute unser Kind an Gottes Hand.

In Jerusalem, am sogenannten Schaftor, befindet sich ein Teich. Auf Hebräisch wird er Betesda genannt. Als Jesus lebte, lag ständig eine große Anzahl von Kranken am Teich Betesda. Blinde waren da, Taubstumme, Gelähmte. Eine alte Legende sagte: „Immer wenn ein Engel mit seinen Fußspitzen die Oberfläche des Teiches berührt, wird derjenige geheilt, der als Erster im Wasser ist." Da lagen sie nun und warteten. Sobald der Wind auch nur die kleinsten Wellen schlug, versuchten sie, das Wasser zu erreichen. Unter diesen Kranken saß ein gelähmter Mann auf seiner Matte. Er schaffte es nie, der Erste zu sein. Wie sollte er auch, mit seinen unbeweglichen Beinen? Tagein, tagaus wartete er auf das Wunder. Da kam Jesus und setzte sich zu diesem Mann. „Ich kenne dich", sagte er, „du sitzt seit achtunddreißig Jahren hier. Krank bist du und träumst davon, gesund zu sein." Der Kranke antwortete: „Fremder, ich habe keinen Menschen, der mich in den Teich bringt, wenn das Wasser sich bewegt; wenn ich aber hinkomme, so steigt ein anderer vor mir hinein." – „Gerne will ich dir helfen", sagte Jesus zu ihm, „steh auf, nimm deine Matte und geh!" Da nahm er seine Matte und konnte wieder gehen.

Geschichten

Zur Verwendung von Geschichten im Gottesdienst beachten Sie bitte, was zu diesem Thema im Kapitel „Außerbiblische Lesung" (S. 46–53) ausgeführt ist.

Die bekannte Geschichte vom selbstsüchtigen Riesen ist in der folgenden Fassung sehr gekürzt und verändert. Der literarische Gehalt leidet dadurch sicherlich. Aber uns kommt es hier auf die inhaltliche Aussage an, die sich sehr gut mit dem biblischen „Kinderevangelium" verbindet:

Der englische Autor Oscar Wilde hat eine Geschichte mit dem Titel „Der eigensüchtige Riese" geschrieben. Ich möchte euch ein Stück davon in gekürzter Fassung vorlesen. Es ist ein Märchen, und doch nicht nur für Kinder gedacht. Nein, es ist besonders eine Geschichte für Erwachsene. Vielleicht hat Oscar Wilde dabei an die Bibelstelle gedacht, in der Jesus sagt: „Lasst die Kinder zu mir kommen, wehret ihnen nicht, denn ihnen gehört das Reich Gottes."

Da war ein wunderschöner Garten. Allerdings gehörte er einem Riesen. Doch zum Glück war der schon lange nicht mehr daheim gewesen. Niemand hatte ihn die letzten sieben Jahre gesehen. So konnten die Kinder im Garten spielen. Jeden Tag nach der Schule waren sie da. Doch eines Tages stand der Riese plötzlich im Garten. „Was tut ihr hier?", brüllte er. Die Kinder flüchteten und trauten sich nicht wieder zurück. Eine Mauer baute der Riese um seinen Garten, und ein Schild stellte er auf mit der Aufschrift: „Unbefugtes Betreten dieses Grundstückes ist bei Strafe verboten!" Er war eben ein sehr eigensüchtiger Riese. Es wurde Frühling. Im Garten des eigensüchtigen Riesen blieb es Winter. Einmal steckte eine schöne Blume das Blütenköpfchen aus dem Schnee; doch als sie das Schild sah, verschwand sie wieder. Es wurde Sommer. Im Garten des Riesen blieb es Winter. Es wurde Herbst. Im Garten des Riesen tobten weiterhin Hagel, Frost und Schnee. Traurig blieb der Riese nur noch in seinem Bett liegen. Eines Morgens hörte er durch sein Fenster wunderbare Musik klingen. Es war ein kleiner Vogel, der im Garten sang. Der Riese stieg aus seinem Bett, schaute aus dem Fenster. Es war Frühling geworden. Wie das? Kinder sah er im Garten. Sie waren durch ein Loch in der Mauer hereingekrochen. Sie hatten den Frühling mitgebracht. „Welch ein herrli-

cher Anblick!", flüsterte der Riese gerührt. Doch da, in einer Ecke des Gartens herrschte noch der bitterkalte Winter. Der Riese sah einen traurigen Jungen, der vergeblich versuchte, auf einen Baum zu steigen. Er war zu klein und weinte. „Jetzt weiß ich, warum der Frühling nie mehr kam", sagte der Riese zu sich selbst. Er ging hinunter, nahm den kleinen Jungen auf seine Hand und setzte ihn auf den Baum. Im selben Augenblick begann der Baum zu blühen und die Vögel sangen. Der Junge breitete die Arme aus und küsste den Riesen. Es war Frühling geworden.

Dies ist die Geschichte von der Kerze, die nicht brennen wollte. Kinder haben sie mit mir in der Weihnachtszeit erfunden. In die Advents- und Weihnachtszeit passt sie besonders. Doch auch bei Tauffeiern zu anderen Jahreszeiten kann sie vor allem Kindern das Symbol Kerze verdeutlichen. Eindrücklich wirkt sie, wenn während des Lesens eine Person die Kerze in der Hand hält und jeweils vergeblich versucht, sie anzuzünden:

Eine Kerze leuchtet heute besonders hell: die Osterkerze. An ihr wird die Taufkerze angezündet. Die Geschichte, die ich lese, hilft uns zu verstehen, warum in unseren Kirchen Kerzen ein so wichtiges Symbol sind. Die Geschichte hat sich nicht wirklich ereignet, sie ist frei erfunden. Sie konnte aber nur erfunden werden, weil sich wirklich ereignet hat, was dem Leben der Kerze in der Geschichte und unserem Leben einen Sinn gibt. Hört selbst:

Der zehnjährige Kai lebte mit seiner Mutter allein. Eines Tages kam er aufgeregt von der Schule nach Hause: „Schau, Mama, was ich auf dem Müll gefunden habe, diese schöne Kerze!" Tatsächlich, die Kerze war groß und schön. Gleich holte die Mutter Streichhölzer, um sie anzuzünden. Sie hielt das brennende Streichholz an den Docht. Die Kerze wollte nicht brennen. Noch einmal versuchte sie es. Die Kerze brannte nicht. Wenn wir hören könnten, was die Kerze denkt: Hier soll ich brennen? Dafür bin ich mir zu schade! Das ist hier nur eine kleine Wohnung und diese Mutter und der Sohn sind ganz allein. Nein, ich spende mein Licht nur in wunderbar großen Häusern, bei großen, reichen Familien.
Die Kerze war so schön, dass die Mutter sie nicht wegwerfen mochte. Sie fragte den Pfarrer der kleinen Kirche, ob er sie gebrauchen könnte. Der war begeistert. Er stellte diese wunderbare Kerze in die Kirche. Beim nächsten Kindergottesdienst sollte sie leuchten. Er zündete sie an. Doch ... was war das? Die Kerze wollte nicht brennen. Wenn wir sie hören

könnten: Was ist denn das hier für eine kleine Kirche? Hier soll ich brennen? Nein, eine so schöne Kerze wie ich brennt nur in einem Dom! Ich verschwende doch hier mein Licht nicht!
Der Pfarrer vermutete, dass es wohl ein bisschen zugig in seiner kleinen Kirche wäre und sich die Kerze deshalb nicht entzünden ließ. Also nahm er sie mit zu der alten Frau, die er an diesem Nachmittag besuchte. Die freute sich sehr! Gleich fand sie einen Platz für diese schöne Kerze. Als es Abend wurde, griff sie zu den Streichhölzern. Ein Versuch ... ein zweiter ... vergeblich! Die Kerze ließ sich nicht entzünden! Wenn wir hören könnten, was die Kerze dachte: Bei einer alten Frau soll ich brennen? Sie ist hier ganz allein. Sie hat so viele Falten im Gesicht. Ihr Rücken ist ganz krumm, wahrscheinlich musste sie in ihrem Leben viel arbeiten. Hier bin ich am falschen Platz! Ich bin viel zu schön. Wenn ich hier mein Licht gebe, bin ich schließlich heruntergebrannt und war nur bei dieser alten, einsamen Frau. Ich möchte in meinem Kerzenleben etwas Bedeutendes leisten. Ich muss bei Königen brennen, in Palästen.
So landete die Kerze schließlich auf dem kleinen Abfallhaufen neben der Kirche. Da liegt sie nun. Es ist Sonntag. In der Kirche feiert man Gottesdienst. Die Kerze hört, dass von einem König gesungen wird, der die Welt errettet. Oh, denkt die Kerze, ein König, endlich, und ein so bedeutender. Herrlich, vielleicht nimmt der mich mit. Bei ihm brenne ich dann doch gern! Endlich bekommt mein Leben einen Sinn! Doch was hört sie da? Der König wurde in einem Stall geboren, in eine Futterkrippe gelegt? Und später als erwachsener Mann hielt er sich bei den Kranken auf? Er machte keinen Bogen um die traurigen, einsamen und alten Menschen? Er nahm sich für sie Zeit? Er hatte Zeit für Kinder? Er sagte: „Ich bin das Licht der Welt, wer mir nachfolgt, wird das ewige Leben haben!"
So liegt sie nun dort und denkt über diesen König nach, bis in die späte Nacht. Es hat zu regnen begonnen. Ein alter Mann kommt des Weges, setzt sich auf die Stufen, neben denen die Kerze liegt. Vielleicht hat er kein Zuhause. Vielleicht kann er nicht schlafen, weil Sorgen ihn plagen. Da, die Kerze im schwachen Licht des Mondscheins! Schade, denkt der Mann, es ist zu nass heute Nacht. Sonst könnte ich sie anzünden, sie könnte mir ein bisschen Licht und Wärme geben. Er greift zu seinen Streichhölzern, obwohl er weiß, dass die Kerze hier nicht brennen kann. Er hält sein Streichholz an den Docht. Und da ... Die Kerze brennt ... so warm und hell wie nie zuvor.

Weitere Titel von Frank Maibaum:

Gestresste Eltern – starke Kinder. *Wie gute Erziehung trotz Krisen und Überlastung gelingt (ISBN 978-3-7984-0770-1)*

Das Selbsthilfebuch für gestresste Eltern. Oft erleben sie ihre Grenzen: Grenzen an Kraft, Geduld, Zeit ... Außerdem Elternstreit, Ehekrisen, berufliche Anspannung – die Stress-Ursachen sind vielfältig. Frank Maibaum zeigt ganz praktisch, dass gute Erziehung trotzdem möglich ist. Für zahlreiche Stress-Situationen werden pädagogische Schritte zu einer Erziehung entfaltet, die Kindern und Eltern gleichermaßen guttut. Hinzu kommen konkrete Formulierungshilfen. Der Autor hebt sie in wörtlicher Rede hervor und ermöglicht so trotz allem Stress liebevolle Gespräche mit dem Partner und den Kindern.

„Kleiner Schatz, ich sag dir was." *Der Elternratgeber mit Profitipps und guten Worten für Ihr Kind (ISBN 978-3-7984-0764-0)*

Kinder wollen von ihren Eltern täglich neu verstanden werden. Dabei hilft dieser Ratgeber mit Tipps für viele problematische Alltagssituationen und mit Formulierungshilfen, um Kinder möglichst zwanglos zu motivieren. Frank Maibaum legt den Erwachsenen die richtigen Worte wörtlich „direkt in den Mund" und fördert so die Entwicklung eines erfüllten Familienlebens. *„Eltern lernen in dieser praktischen Anleitung sehr konkret, wie sie mit ihren kleinen Kletten, halbstarken Tyrannen, morgendlichen Trödlern oder abendlichen Schlafverweigerern umgehen können." (Psychologie heute)*

Ratelexikon Religion
Alles, was ein Christ wissen muss (ISBN 978-3-7984-0791-6)

Dieses Lexikon erklärt leicht verständlich über 1000 Begriffe in alphabetischer Reihenfolge. Die Begriffe sind so erklärt, dass man ihnen Satz für Satz näherkommt, ohne dass das gesuchte Wort im Text erneut genannt wird. Es steht nur einmal fett gedruckt vorweg und kann aus dem folgenden Text leicht erraten werden: dabei stehen jeweils vier Worte zur Auswahl. So wird spielerisches Lernen erleichtert – nach dem Vorbild von „Wer wird Millionär". Das Ratelexikon hat sich bewährt zum Nachschlagen, bei Ratespielen in der Jugend- und Seniorenarbeit sowie im Religionsunterricht.

Das Traubuch *(ISBN 978-3-7984-0772-5)*

Die Hochzeit zählt zu den zentralen Ereignissen im Leben vieler Menschen. Doch dem Höhepunkt des Festes, der kirchlichen Trauung, stehen die Paare oft hilflos gegenüber. Sie verlassen sich auf die Pastoren. Hier hilft „Das Traubuch". Leicht verständlich erklärt es Ablauf und Bedeutung der christlichen Hochzeit. Es zeigt, was das Paar sowie Freunde und Verwandte tun können: Vom Schmücken der Kirche über Begrüßung und Eheversprechen bis zum Schlusssegen sind viele praktische Gestaltungshilfen enthalten. Der Anhang bietet zahlreiche Trausprüche aus Bibel und Literatur. *„Eine Hochzeit mit diesem Traubuch gestaltet und das Fest beginnt nicht erst nach der Kirche." (WDR)*